Jean-Jacques Dufour

# L'aviation commerciale en Europe de l'Est

*ABD éditions*

*L'aviation commerciale en Europe de l'Est* de Jean-Jacques Dufour

Première édition : Décembre 2020

ABD éditions
*abdeditions@gmail.com*
*http://abd-editions.wix.com/abdeditions*
*https://www.facebook.com/ABD-éditions-536628819836347/*
*https://twitter.com/abdeditions*

ISBN
979-10-95247-38-8

# Chez le même éditeur

### Sciences et techniques
*Comprendre les moteurs d'avions*, Romain Arcis, ABD éditions, Juillet 2015

### Aviation
*Une Histoire de l'aviation commerciale*, Jean-Jacques Dufour, ABD éditions, Mai 2016
*Aviation commerciale française - le centenaire*, Jean-Jacques Dufour, ABD éditions, Janvier 2018
*Aviation commerciale britannique - a century*, Jean-Jacques Dufour, ABD éditions, Septembre 2018
Aviation commerciale américaine - one hundred years, Jean-Jacques Dufour, ABD éditions, Mars 2019

### Humour
*Brèves de boulot*, Adrien Simon, ABD éditions, Septembre 2015

### Management
*Le guide du tutorat en entreprise*, Bertrand Dufour, ABD éditions, Septembre 2015
*Management code*, Bertrand Dufour, ABD éditions, Mars 2020
*Comprendre la stratégie d'entreprise*, Bertrand Dufour, ABD éditions, Janvier 2020

### Théâtre
*Le Procès de Julien Sureau*, Jean-Jacques Dufour, ABD éditions, Octobre 2015
*Meg*, Jean-Jacques Dufour, ABD éditions, Novembre 2015
*Monsieur Joseph*, Jean-Jacques Dufour, ABD éditions, Février 2016
*Duo ou presque*, Jean-Jacques Dufour, ABD éditions, Octobre 2016

### Cinéma
*Les Tontons flingueurs décryptés*, Bertrand Dufour, ABD éditions, Mars 2016

## Du même auteur

*Le Procès de Julien Sureau*, Jean-Jacques Dufour, ABD éditions, Octobre 2015
*Meg*, Jean-Jacques Dufour, ABD éditions, Novembre 2015
*Monsieur Joseph*, Jean-Jacques Dufour, ABD éditions, Février 2016
*Une Histoire de l'aviation commerciale*, Jean-Jacques Dufour, ABD éditions, mai 2016
*Duo ou presque*, Jean-Jacques Dufour, ABD éditions, Octobre 2016
*Aviation commerciale française - le centenaire*, Jean-Jacques Dufour, ABD éditions, janvier 2018
*Aviation commerciale britannique - a century*, Jean-Jacques Dufour, ABD éditions, septembre 2018
*Aviation commerciale américaine - one hundred years*, Jean-Jacques Dufour, ABD éditions, mars 2019

# L'aviation commerciale en Europe de l'Est

de Jean-Jacques Dufour

novembre 2020

# Préambule

Après avoir publié *Une histoire de l'aviation commerciale* qui m'a permis de présenter la synthèse des nombreux faits et aventures qui ont marqué pendant un siècle la vie du transport aérien à travers le monde, j'ai entrepris de réaliser ensuite trois livres pour détailler plus complètement cette histoire : pour la France, le Royaume Uni et les USA. Ces livres ont apporté plus d'informations aussi bien sur la production aéronautique, les transporteurs aériens existants et ceux ayant disparus. Avec également, une présentation d'un grand nombre de plateformes aéronautiques et de portraits de personnalités qui ont marqué la profession dans les différents pays étudiés, comme les pilotes, les ingénieurs, les dirigeants de compagnies et plus généralement les noms de ceux qui ont apporté leur contribution à la construction du monde de l'aviation commerciale.

La France, le Royaume-Uni, les Etats-Unis, ces trois grands pays ont beaucoup apporté à la construction du monde aérien par les nombreux prototypes réalisés, les avions commerciaux produits, les progrès techniques spectaculaires qui ont marqué le siècle, mais aussi le courage des hommes et des femmes qui ont construit les réseaux internationaux de transport aérien. Mais le monde a d'autres intervenants, aussi bien dans la production aéronautique que dans l'exploitation des liaisons aériennes. Par ailleurs, la mise en œuvre des infrastructures nécessaires aux mouvements aériens, qui sont de plus en plus importantes, représentent des investissements très couteux, nécessitant de plus en plus l'engagement des Etats et des personnels qualifiés.

L'Europe de l'Est est un sujet qui mérite d'être étudié car c'est une partie importante de l'Europe, où il s'est passé beaucoup de choses au fil des ans, en particulier au XXème siècle. Elle a apporté à l'aviation des talents pour concevoir et produire des appareils nouveaux, réaliser des vols dans des périodes historiques souvent très difficiles, avec en plus un climat très sévère en hiver. L'immensité de la Russie est un endroit qui était destinée à la promotion de l'aéronautique, pour ne plus laisser des communautés, des hommes et des femmes isolées pendant de longues périodes.

L'histoire de l'aviation commerciale en Europe de l'Est est ma contribution pour faire connaitre cette activité qui est si importante pour rapprocher les hommes et développer les nations. Si tous les pays proches de la Russie ont été pris en compte, les républiques asiatiques étant loin de l'Europe n'ont pas été étudiées. Il s'agit du Kazakhstan, de l'Ouzbékistan, du Tadjikistan, du Turkménistan et le Kirghizistan. Elles seront un jour dans une étude concernant l'Asie ou une partie de celle-ci.

Cette étude a été en partie réalisée pendant la longue période de confinement. Cela veut dire que dans quelques mois il faudra compléter ce document avec toutes les conséquences du coronavirus

Jean Jacques Dufour

# Sommaire

Introduction ................................................................. 11
La Russie .................................................................... 17
    La production aéronautique ............................. 21
        Anatra ........................................................... 21
        Antonov (voir Ukraine) ................................. 21
        Aviastar ......................................................... 21
        Beriev ........................................................... 22
        Chyetverko ................................................... 23
        Craic (groupe OAK) ..................................... 23
        Iliouchine ..................................................... 24
        Irkut .............................................................. 35
        Kalinin .......................................................... 36
        Kouznetsov .................................................. 38
        Lavotchkine ................................................. 38
        Lisunov ........................................................ 38
        MIG (Mikoyan-Gourevitch) ......................... 39
        OAK (United Aircraft Corporation) ............. 39
        Petlykov ....................................................... 40
        Polikarpov ................................................... 40
        Shtcherbakov .............................................. 40
        Sukhoi .......................................................... 41
        Tupolev ........................................................ 42
        Yakovlev ...................................................... 53

| | |
|---|---|
| Les personnalités | 56 |
| Les compagnies aériennes | 66 |
| Anciennes compagnies | 88 |
| Les aéroports | 96 |
| La sécurité aérienne en Russie | 130 |
| L'Ukraine | 135 |
| La production aéronautique | 136 |
| Antonov | 136 |
| Kharkov | 149 |
| Les hommes | 150 |
| Les compagnies aériennes | 151 |
| Anciennes compagnies | 153 |
| Les aéroports | 155 |
| Les autres pays d'Europe de l'Est | 161 |
| La Biélorussie | 162 |
| Les compagnies aériennes | 162 |
| Anciennes compagnies | 163 |
| Les aéroports | 163 |
| La Moldavie | 165 |
| Les compagnies aériennes | 165 |
| Les aéroports | 165 |
| La Pologne | 167 |
| Production aéronautique | 167 |
| Personnalités | 168 |
| Les compagnies aériennes | 168 |
| Anciennes compagnies | 170 |
| Les aéroports | 170 |

Tchéquie ..................................................................................................178
    La production aéronautique .......................................................178
    Les personnalités .......................................................................180
    Les compagnies aériennes ........................................................181
    Anciennes compagnies ..............................................................182
    Les aéroports ............................................................................182
Slovaquie ...............................................................................................186
    Les compagnies aériennes ........................................................186
    Anciennes compagnies ..............................................................186
    Les aéroports ............................................................................187
Roumanie ..............................................................................................190
    La production aéronautique .......................................................190
    Les personnalités .......................................................................191
    Les compagnies aériennes ........................................................191
    Anciennes compagnies ..............................................................193
    Les aéroports ............................................................................194
La Hongrie ............................................................................................201
    Les compagnies aériennes ........................................................201
    Anciennes compagnies ..............................................................201
    Les aéroports ............................................................................203
Bulgarie .................................................................................................206
    Production aéronautique ...........................................................206
    Les personnalités .......................................................................206
    Les compagnies aériennes ........................................................206
    Anciennes compagnies ..............................................................208
    Les aéroports ............................................................................208
Albanie ..................................................................................................212

| | |
|---|---|
| Les compagnies aériennes | 212 |
| Anciennes compagnies | 213 |
| Les aéroports | 213 |
| **Les républiques de Transcaucasie** | **215** |
| Arménie | 217 |
| Les compagnies aériennes | 217 |
| Anciennes compagnies | 217 |
| Les aéroports | 218 |
| Azerbaïdjan | 220 |
| Les compagnies aériennes | 220 |
| Les aéroports | 220 |
| Géorgie | 223 |
| Personnalités | 223 |
| Les compagnies aériennes | 223 |
| Les aéroports | 223 |
| **Les pays baltes** | **227** |
| La Lituanie | 229 |
| Les compagnies aériennes | 229 |
| Anciennes compagnies | 230 |
| Les aéroports | 231 |
| La Lettonie | 234 |
| Les compagnies aériennes | 234 |
| Anciennes compagnies | 234 |
| Les aéroports | 235 |
| L'Estonie | 237 |
| Les compagnies aériennes | 237 |
| Anciennes compagnies | 237 |

Les aéroports ................................................................................. 237
L'ex-Yougoslavie ............................................................................ 240
   Anciennes compagnies de l'ex-Yougoslavie .................................. 241
   Les nouveaux pays issus de l'ancienne république yougoslave : .......... 242
   La Serbie ................................................................................. 243
      Les compagnies aériennes ................................................... 243
      Anciennes compagnies ........................................................ 243
      Les aéroports ..................................................................... 244
   La Croatie ............................................................................... 246
      Les compagnies aériennes ................................................... 246
      Anciennes compagnies ........................................................ 246
      Les aéroports ..................................................................... 246
   La Slovénie ............................................................................. 251
      Les compagnies aériennes ................................................... 251
      Anciennes compagnies ........................................................ 251
      Les aéroports ..................................................................... 251
   La Bosnie-Herzégovine ............................................................ 253
      Les compagnies aériennes ................................................... 253
      Anciennes compagnies ........................................................ 253
      Les aéroports ..................................................................... 253
   Le Kosovo ............................................................................... 256
      Les compagnies aériennes ................................................... 256
      Les aéroports ..................................................................... 256
   Le Monténégro ........................................................................ 258
      Les compagnies aériennes ................................................... 258
      Les aéroports ..................................................................... 258
   La Macédoine du Nord ............................................................ 260

  Les compagnies aériennes ................................................................260
  Anciennes compagnies ..................................................................260
  Les aéroports..................................................................................260
Conclusion ..................................................................................263
Bibliographie ..............................................................................267
Crédit photos..............................................................................269

# Introduction

Faire connaitre l'histoire de l'aviation commerciale dans les pays de l'Europe de l'Est implique de se référer à la grande Histoire. L'Est de l'Europe a vécu un XXème siècle de fureur, de sang, de larmes qui a fait des millions de victimes, détruit des civilisations, des patrimoines. La barbarie nazie, les douloureux errements de la dictature marxiste, les mouvements de troupes multiples et dans tous les sens ont opprimé et marqué à jamais cette région du monde. De nombreuses villes ont été détruites par les combats et les pillages. Un certain nombre de cités ont changé de nationalité au fil des invasions. Les frontières ont bougé en fonction de nombreux traités, souvent violés à peine l'encre des signatures était-elle sèche. Cependant malgré tous les aléas, les voyages en avion ont été assurés, souvent avec de faibles fréquences, généralement pour les privilégiés des systèmes politiques en place. Avec le temps, les choses se sont normalisées et, à la fin du XXème siècle, la chute de l'URSS, a permis au transport aérien de jouer son rôle de rapprochement des peuples, comme dans les démocraties européennes.

Dans l'URSS balbutiante, l'avion a été rapidement intéressant pour sa vitesse dans un pays aux distances immenses, où les déplacements ont toujours été un très grand problème mais aussi comme outil de propagande. Un certain nombre de régions dans les années 1920 étaient encore très isolées, n'avaient pas de lignes de chemins de fer, car celles-ci étaient très couteuses à établir en raison des longues distances pour une population souvent très faible. Il fallait plus de dix jours par le train pour se rendre de Moscou à Vladivostok. Comment faire progresser un pays sans améliorer les liaisons, pour distribuer le courrier, transporter les responsables politiques, livrer des vivres et des médicaments ? La réponse pouvait être assumée en partie par l'aviation commerciale naissante.

A ses débuts, celle-ci ne nécessitait pas de grands investissements : les aérodromes étaient simples, un terrain en herbe, éventuellement un hangar, un baraquement pour assurer le trafic... Plus tard, les autorités devront être plus généreuses en faisant construire des pistes en dur, surtout en tenant compte d'un climat qui est très rude en hiver et le sol boueux au printemps et à l'automne. Il a fallu assurer le balisage des pistes pour se poser de nuit, construire une petite aérogare pour accueillir les passagers, assurer la présence de services comme le contrôle aérien, des équipements pour la sécurité, des moyens techniques pour la maintenance, du personnel pour gérer les escales, etc...

L'évolution du monde aérien dans les différents pays a connu de grandes différences. L'URSS, qui avait un rôle de leader, a privilégié le plus souvent ses intérêts et a souvent laissé un peu sur la touche ses partenaires, même si c'étaient des « pays frères »… Ils étaient en fait des assujettis, bénéficiant de moyens selon le bon vouloir des autorités de Moscou. Les principaux pays qui ont marqué l'époque, en dehors de l'URSS, par une activité de construction aéronautique et l'exploitation de lignes régulières ont été la Pologne, la Tchécoslovaquie, la Roumanie. Une place à part pour l'Ukraine qui faisait partie intégrante de l'Union Soviétique. Elle aura un rôle dans le monde aérien après son indépendance à l'aube des années 1990.

Les autres pays ont développé le transport aérien et celui-ci a fortement progressé après les années 1990 avec la libéralisation de l'économie. La possibilité pour tous les citoyens de voyager, en particulier vers les pays étrangers de l'Europe de l'Ouest, ainsi que les pays plus chauds, a été une formidable opportunité de développement pour les nouvelles compagnies qui se sont formées. De plus, la venue de nombreux visiteurs a été un facteur de développement économique, ils venaient apprécier les lieux touristiques dans les différents pays, le patrimoine culturel et la nature intacte des superbes parcs qui sont une richesse de l'est de l'Europe. Pendant une vingtaine d'années de nouveaux aéroports ont été construits. D'autres, qui étaient à vocation militaire, ont été réaménagés. Les réseaux aériens se sont structurés avec la desserte des villes de province, privées jusqu'alors de vols ou ne bénéficiant que d'un petit nombre de destinations.

La construction aéronautique, face à la concurrence des grands industriels mondiaux, a tenté de s'adapter. Ce fut l'abandon des avions de la production soviétique, peu performants en particulier du point de vue de la consommation et avec une fiabilité parfois douteuse. Avec le développement de nouveaux programmes, les russes et certains pays de l'Est ont tenté de concurrencer les apparcils occidentaux. C'est un challenge difficile, car le niveau technique de la conception et de la fabrication est très élevé. Jusqu'à présent tous les efforts déployés et les investissements consentis n'ont pas été couronnés par de grands succès. Mais, dans la durée, l'industrie devrait trouver les moyens de proposer des nouveaux appareils capables de concurrencer ce qui se fait de mieux chez leurs principaux concurrents.

L'an 2020 va marquer pour une longue période la vie des tous les pays, en particulier du point de vue de l'économie. Le transport aérien est devenu une composante importante de la vie économique des différents pays et les effets du coronavirus vont avoir des conséquences dramatiques sur le transport aérien. Le grand nombre de voyageurs qui étaient accueillis dans le monde et particulièrement en Europe risque de fondre comme neige au soleil. Le nombre de transporteurs risque de fortement diminuer, surtout ceux qui ne peuvent bénéficier du soutien financier de leur gouvernement.

Le texte qui est proposé est un peu « le monde d'hier », comme le titre de Stefan Zweig. Il décrit ce qu'était devenu le monde aérien dans les pays de l'Europe de l'Est, après une longue période marquée par le totalitarisme. Depuis une trentaine d'années un développement fait suite aux bouleversements de l'histoire. Les pays de l'Europe de l'Est sont étudiés du point de vue aéronautique. Pour les plus importants, il y a la partie construction aéronautique, de courtes biographies sur les personnalités qui ont marqué la profession et, pour tous les pays, une liste de compagnies présentes et passées. Enfin une présentation des principaux aéroports de chaque pays. Pour compléter l'information des lecteurs sur les villes et les pays évoqués, quelques informations sont données sur les sites évoqués, la population et des éléments de l'histoire pour comprendre pourquoi certaines villes attirent un grand nombre de visiteurs.

Une question se pose pour terminer. Que sera le monde demain ? La réponse est très difficile à donner mais les conséquences du coronavirus seront capitales pour la vie des entreprises et la vie de tous en général.

# La Russie

L'étude porte sur vingt-quatre pays mais le plus important est de loin la Russie de par son immense superficie, sa population ainsi que l'importance de son rôle historique. C'est un pays qui s'étend sur 17 250 000 km², de la Baltique au Pacifique, avec une population assez faible, 146 millions d'habitants, vivant surtout dans la partie européenne. Le PIB par habitants est de 11 000 $. Les racines de la Russie remontent à la principauté de Kiev en l'an 862. Comme beaucoup de pays de la région, l'histoire a été marquée par de nombreux conflits, invasions et massacres. La période du Tsar se termina avec la révolution communiste de 1917, qui sera au pouvoir pendant soixante-quinze ans. Le pays subira une Seconde Guerre mondiale particulièrement tragique avec des millions de victimes. Pour l'éternité, la Russie reste la patrie de très grandes personnalités comme Pouchkine, Tolstoï, Tchaïkovski, Soljenitsyne...

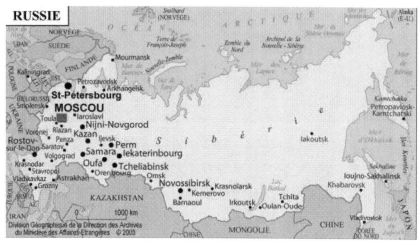

*La Russie et ses villes principales*

L'aviation a eu un rôle dans l'histoire de la Russie du XXème siècle. L'industrie commença à se développer pendant la Première Guerre mondiale en produisant des chasseurs, généralement en partant de modèles étrangers, en particulier français. Elle continua à progresser selon les aléas de la planification soviétique. Les purges organisées par Staline contre « les ennemis du peuple » ont conduit un certain nombre d'ingénieurs de qualité devant les tribunaux. Certains furent fusillés, d'autres plus « chanceux » ont été condamnés mais furent conduits dans des entreprises mobilisées dans l'effort de guerre du point de vue aéronautique. Ils démontrèrent leur talent et avec le temps certains reçurent le titre de « Héros du travail ». C'était la rencontre du père Ubu avec Franz Kafka ! Pendant la Seconde Guerre mondiale, l'industrie connut un très grand développement et des progrès techniques importants, malgré l'obligation de replier les usines situées autour de Leningrad (St Petersburg), Moscou et le Donbass vers l'Oural et la Sibérie, suivant les avancées du front.

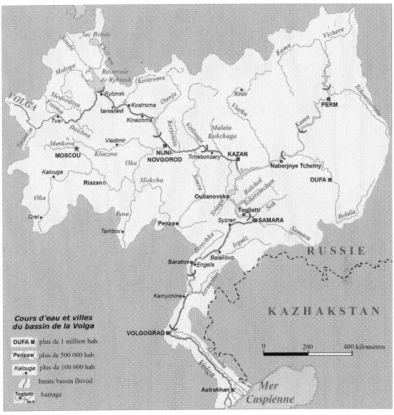

*Le bassin de la Volga*

Après le conflit, l'URSS se lança dans la course à l'Espace ainsi que dans le développement d'une aviation militaire puissante. Les dirigeants décidèrent de produire des avions commerciaux en partant des bombardiers existants. L'exemple du Tupolev 104, qui avait été inspiré par le bombardier Tu-16, fut le premier avion commercial à réaction produit par l'URSS. L'industrie fut animée par des hommes de qualité dont les noms sont devenus très connus, pas seulement des spécialistes aéronautiques, comme Tupolev, Iliouchine, Antonov, Sukhoi... La conception de nombreux avions, avec des progrès techniques, a montré la qualité des ingénieurs mais le manque de prise en compte des contraintes des marchés, avec les aspects économiques a conduit à la production d'un certain nombre de prototypes sans avenir.

Pour améliorer les liaisons à l'intérieur de l'immensité du pays et aussi pour relier Moscou avec les pays satellites, Aeroflot devint l'unique référence, monopole d'Etat oblige ! La compagnie a eu des activités variées, parfois éloignées de celles d'un transporteur aérien classique, car elle avait en charge les aéroports, la navigation aérienne, la formation, les essais, le travail agricole, etc... Cela conduisit en 1964, l'Aeroflot à être rebaptisée ministère de l'Aviation Civile, ce qui correspondait mieux au rôle attribué à l'organisation !

# La production aéronautique

La construction d'avions a été marquée par la toute-puissance de l'Etat avec des entreprises lui appartenant. Les bureaux d'études étaient le plus souvent séparés de la production, avec pour conséquence de longs délais entre la conception et la mise en service. Les études une fois réalisées, l'administration choisissait l'usine qui devait produire le nouvel appareil, ce qui n'était pas très efficace. Pendant de longues années, c'est la production militaire qui a été la priorité des autorités. Les premiers avions commerciaux étaient des variantes ou des productions dérivées d'avions militaires.

## Anatra
C'était un fabricant d'avions de chasse qui produisit des appareils pendant la Première Guerre mondiale à Odessa. Ce fut la création d'Arthur Antonovitch Anatra qui avait coopéré avec Nieuport et Voisin en France. Anatra a produit plus de mille avions pendant la Première Guerre mondiale. La société a mis fin à ses activités avec la fin du conflit et la révolution russe. Le principal modèle produit fut l'Anatra D.

## Antonov (voir Ukraine)
Le constructeur Antonov a été une création du gouvernement de l'URSS en 1946 à Novossibirsk dans le cadre du centre de recherche et développement qui était bien évidemment « top secret ». L'entreprise a été transférée à Kiev en Ukraine en 1952.

## Aviastar
C'est une entreprise de fabrication initialement sous le nom de Ulyanovst Aviation Industrial Complex dont la création date de 1976. Elle a pris le nom Aviastar en 1991. La compagnie a produit différents modèles comme l'Antonov 124, Iliouchine 76, le Tupolev 204...

**Beriev**
Constructeur surtout d'hydravions depuis 1932 qui a pris le nom de son directeur Gueorgui Beriev. L'usine est située à l'embouchure du Don sur la mer Noire.

Beriev 30/32
C'était un bi turbopropulseur qui a fait son premier vol le 3 mars 1967. Il a été produit à huit exemplaires. L'appareil était propulsé par deux turbines Glouchenko de 930 CV, lui donnant une vitesse de croisière de 370 km/h avec une distance franchissable de 1 300 km. Il pouvait transporter une quinzaine de voyageurs. Une variante Be 32 était proposée avec des turbines PT6A de 1100 CV.

Beriev 103
C'est un avion amphibie pouvant transporter un pilote et cinq passagers dont le premier vol a eu lieu le 2 janvier 1989. Il est doté de deux moteurs Continental de 210 CV lui assurant une vitesse de 220 km/h avec un rayon d'action de 1 300 km. L'appareil a reçu une certification de la FAA.

Beriev 200 Altair
Amphibie doté de deux réacteurs SAM146 de 73 kN qui a effectué son premier vol le 24 septembre 1998 et qui se déplace à la vitesse de 610 km/h sur 1 700 km. Il a été initialement conçu comme bombardier d'eau, mais une version pour le transport de passagers pouvant emporter soixante-quatre passagers, a été proposée sans suite pour l'instant.

*Beriev Be-200*

## Chyetverko

<u>Modèle TA</u>
Amphibie a fait son premier vol en 1947, il était prévu pour le transport de six à huit passagers. Il était propulsé par deux moteurs Shetsov de 700 CV, lui donnant une vitesse maximale de 320 km/h pour un rayon d'action de 700 km.

## Craic (groupe OAK)
C'est une entente entre la Chine et la Russie pour la construction d'un appareil de transport long-courrier qui pourrait faire son premier vol vers 2025. La version en cours d'étude est la série 600 qui est prévue pour emporter jusqu'à quatre cents passagers, propulsée par deux réacteurs TBA de 347 kN lui permettant de parcourir jusqu'à 12 000 km à la vitesse de 900 km/h.

**Iliouchine**

La création de l'entreprise par Sergueï Iliouchine date de 1933. Un des plus gros succès industriels sera l'avion blindé d'attaque Shturmovik Il-2, pour combattre les chars qui a été produit à plus de 36 000 exemplaires ! Après la guerre 1939-1945, Iliouchine compléta sa gamme d'avions avec une diversification dans les avions de transport. Son siège est à Moscou.

<u>Iliouchine Il-12</u>
C'était un bimoteur court-courrier pour 21/32 passagers qui a fait son premier vol le 15 août 1945 et était destiné à remplacer les Li 2, la version soviétique du DC3. Sa mise service eut lieu en 1947. Il était propulsé par deux moteurs « Ash 82 FNV » de 1 850 CV lui assurant une vitesse de croisière de 300 km/h et un rayon d'action d'environ 1 500 km. Il ressemblait un peu à l'appareil américain Convair 240. La fabrication a porté sur 663 avions, principalement pour l'Aeroflot mais a aussi été utilisé par CAAC (Chine), Tarom (Roumanie), CSA (Tchécoslovaquie), LOT (Pologne). Il a également largement doté les flottes des forces armées des pays communistes. Ses moteurs n'étaient pas très performants, ce qui conduira au développement du type Il-14.

*Iliouchine Il-12 de la CSA (Czech Airlines)*

## Iliouchine Il-14

C'était un bimoteur court-courrier pour 24 à 40 passagers, qui fut développé à partir du modèle IL12. Il était propulsé par deux moteurs « Sh Vestov » de 1 900 CV lui assurant une vitesse de croisière de 360 km/h avec une distance franchissable de 1 300 km. Il fit son premier vol le 1$^{er}$ octobre 1950 puis entra en service durant l'année 1954. La production fut importante avec 1 348 appareils et les utilisateurs, en dehors des armées, furent Aeroflot, LOT, Air Koryo (Corée du Nord), CSA, Interflug (RDA). L'avion fut produit en Allemagne de l'Est à quatre-vingts exemplaires sous la désignation VEB 14, en Tchécoslovaquie à deux cents exemplaires sous la référence Avia 14 et en Chine où il fut désigné Y6.

*Iliouchine Il-14*

*Iliouchine Il-14*

*Iliouchine Il-14*

*Iliouchine Il-14*

<u>Iliouchine Il-18</u>
C'était un quadri turbopropulseur moyen-courrier pour 84 à 120 passagers. Il a effectué son premier vol le 4 juillet 1957 avec Vladimir Karstantinovich Kokkinaki aux commandes. Il fut mis en service le 20 avril 1959. Il était doté de quatre turbopropulseurs « Ivchenko Ai 20H » de 4 250 CV lui donnant une vitesse de croisière 550 km/h et un rayon d'action de 3 700 km, pouvant atteindre 6 500 km avec une charge allégée. La production porta sur environ 850 appareils. La grande robustesse de la conception le maintient longtemps en service, en particulier en Afrique. Le principal utilisateur fut Aeroflot, mais l'appareil vola aussi sous les couleurs de Rossiya Airlines, CSA (Tchécoslovaquie), Interflug (RDA), Air Koryo (Corée du nord), Balkan Air, Cubana, Tarom (Roumanie), Air Mali, etc... Les versions militaires furent largement utilisées par différentes forces armées.

*Iliouchine Il-18 de la Malev*

Iliouchine Il-62

Ce quadriréacteur long-courrier a effectué son premier vol le 3 janvier 1963 et fut mis en service le 15 septembre 1967 entre Moscou et Montréal. Il était caractérisé par ses quatre réacteurs montés à l'arrière de l'avion, le faisant ressembler à son concurrent britannique le Vickers VC 10. La version initiale produite à 94 exemplaires de l'Il-62 pouvait transporter 165 passagers. Elle était propulsée par quatre réacteurs à double flux « Kuznetsov » de 103 kN. La version Il-62M, produite à 193 exemplaires pouvait transporter 198 personnes et bénéficiait de quatre réacteurs à double flux produits par « Soloviev » donnant une poussée de 107,9 kN. La vitesse de croisière était de 820 km/h et le rayon d'action allait de 6 700 à 10 000 km. La production totale porta sur 292 avions, qui ont été utilisés par Aeroflot, Cubana, Interflug, CSA, etc... L'avion fut également employé par les militaires et les gouvernements pour le transport des officiels.

*Iliouchine Il-62 de Air Koryo*

*Iliouchine Il-62*

*Iliouchine Il-62 d'Aeroflot*

Iliouchine Il-86
C'était un quadriréacteur moyen-courrier gros porteur, pouvant transporter jusqu'à 350 passagers avec deux allées de circulation et des sièges répartis en 3+3+3. Un élément de la conception avait été, tenant compte de l'étroitesse des aéroports soviétiques de l'époque, de laisser les passagers charger les bagages dans le niveau inférieur de l'appareil et de monter ensuite prendre leurs places au niveau supérieur. L'opération a été tentée débouchant sur un grand désordre… Le premier vol eut lieu le 22 décembre 1976 et la mise en service le 26 décembre 1980 entre Moscou et Tachkent. L'avion était doté de quatre réacteurs « Kouznetsov » de 127,6 kN lui donnant une vitesse de 800 km/h et une distance franchissable de 3 500 km. La production qui avait été confiée en partie à PZL en Pologne, porta sur cent-six appareils et les grands utilisateurs furent Aeroflot, Armenian Airlines, Ukraine International, Kras Air, etc... Les militaires de plusieurs pays l'utilisèrent pour le transport des troupes.

*Iliouchine Il-86 de la compagnie Aeroflot*

*Iliouchine Il-86 de Pulkovo Aviation*

Iliouchine Il-96
C'était un quadriréacteur long-courrier pour trois cents passagers qui avait été conçu pour remplacer le modèle Il-62. Il a effectué son premier vol le 28 septembre 1988 et sa mise en service a eu lieu le 29 décembre 1992.

*Iliouchine Il-96 de la compagnie Aeroflot*

*Iliouchine Il-96*

*Iliouchine Il-96-300 d'Aeroflot*

Deux versions furent proposées : Il-96-300 et Il-96M :
- La version initiale, Il-96-300 était équipée de réacteurs « Aviadvigatel » de 160 kN et pouvait transporter de 235 à 300 passagers.
- La version Il-96M était allongée de neuf mètres et équipée de réacteurs « Pratt et Whitney PW2337 » de 170 kN, apportant de meilleures performances, en particulier sur la consommation.

La vitesse des différentes versions était de 870 km/h et le rayon d'action de 8 800 km. La production porta sur moins de vingt-cinq appareils, utilisés par Aeroflot, Cubana... La chute de l'URSS conduisit les transporteurs des anciens pays communistes à se tourner vers des avions produits par Boeing et Airbus, apportant de meilleures performances, en particulier dans le domaine de la consommation et de la maintenance. La production des appareils conçus par l'URSS a été progressivement abandonnée.

Iliouchine Il-114
C'est un bi turbopropulseur court et moyen-courrier pour soixante passagers. Il a effectué son premier vol le 28 septembre 1990 et a été mis en service seulement huit ans après, le 1$^{er}$ août 1998. Il était initialement

fabriqué à Tachkent et la compagnie Uzbekistan Airways fut le premier utilisateur, suivie par Vybord et d'autres. Suite aux soubresauts de l'économie des anciens pays de l'URSS, la production de l'avion qui porta sur une vingtaine d'appareils fut suspendue. Une remise en route de la production par Sukhoi et quelques marques d'intérêt font que l'appareil pourrait être de nouveau produit. Sa propulsion est assurée par des turbopropulseurs « Klimov » de 2 500 CV. Une version dotée de moteurs Pratt et Whitney a été également proposée. La vitesse de croisière est de 470 km/h et le rayon d'action de 1 000 km.

*Iliouchine Il-114*

Iliouchine Il-214

C'est le projet d'un biréacteur de transport militaire sous la référence Il-276. Il avait été initié en partenariat avec l'Inde, qui s'est retiré du programme en 2016. Il a été poursuivi par la Russie sous la référence Il-214. La charge utile prévue est de vingt tonnes, la propulsion étant assurée par deux moteurs Aviadvigatel de 153 kN. La vitesse de croisière est donnée pour 800 km/h et la distance franchissable 2 000 km.

**Irkut**

L'existence du groupe date de 1932 comme usine de production d'avions située à Irkoutsk. La société est membre du consortium OAK qui est cotée à la bourse de Moscou. C'est un centre de production pour de nombreux appareils : Beriev 200, Beriev 50, Sukhoi 30, etc... Le bureau d'études Yakovlev a fait également fabriquer ses appareils par Irkut.

<u>Irkut MC-21</u>
C'est un biréacteur moyen-courrier, conçu par le bureau d'études Yakovlev qui a effectué son premier vol le 28 mai 2017.

*Irkut MC-21-300 au sol*

Deux versions de l'appareil sont proposées :
- La série 200 pour 132 à 163 passagers.
- La série 300 pour 165 à 211 passagers.

La propulsion est assurée par deux réacteurs Pratt et Whitney de 120 kN pour la version 200 et de 140 kN pour la version 300. Des moteurs Aviadvigatel sont également proposés. La vitesse de croisière est de 850 km/h et le rayon d'action de 4 000 km. Près de 300 exemplaires sont en commande.

*Irkut MC-21-300 en vol*

**Kalinin**
Création de l'ingénieur Kalinin dans les années 1925 dans son bureau d'études de Kharkov.

Kalinin K 4
C'était un monomoteur de transport pouvant emporter quatre passagers, dont la conception datait de 1928. Il était équipé d'un moteur de 290 CV lui assurant une vitesse de croisière 160 km/h sur une distance de 1 000 km. La production a porté sur trente-neuf appareils et son premier vol commercial a eu lieu sur le parcours Moscou-Tachkent.

*Kalinin K4*

Kalinin K5
Ce monomoteur pouvant transporter 8 à 10 passagers a fait son premier vol le 28 octobre 1929. Il était propulsé par un moteur Mikulin de 730 CV lui donnant une vitesse de 190 km/h avec une distance franchissable de 960 km. Environ deux cent soixante exemplaires ont été fabriqués et largement utilisés par Aeroflot, jusqu'aux débuts des années 1940.

*Kalinin K5*

## Kouznetsov

La compagnie a son nom associé à Nicolaï Kouznetsov qui fut son dirigeant pendant de longues années. La création eut lieu à Samara en 1946 où elle développa des turbopropulseurs et moteurs à réaction, initialement en partant de projets allemands récupérés en Allemagne en 1945. La société a aussi été impliquée dans la conception et la production des moteurs pour les fusées. Après le décès de Nicolaï Kouznetsov en 1968, la société est devenue Motorostrotel avant de porter le nom de J S C Kouznetsov.

## Lavotchkine

La création de la société a eu lieu en 1937 par l'ingénieur éponyme. Elle réalisa de nombreux chasseurs, en particulier pendant la Seconde Guerre mondiale. Après celle-ci, Lavotchkine a produit le LA 176 qui fut le premier avion soviétique à passer le mur du son le 26 décembre 1948.

## Lisunov

C'était un constructeur implanté dans la banlieue de Moscou et qui fut transférée à Tachkent devant l'avance des troupes nazies en 1941. L'usine prit le nom de l'ingénieur Lisounov qui avait assuré le développement de la production du DC3 sous licence. Les premiers appareils avaient été reçus des USA et l'ingénieur Lisunov avait fait un séjour de deux ans chez Douglas pour préparer la mise en place de la fabrication du Li2 en URSS.

<u>Lisunov Li 2</u>

C'était un bi moteur pour trente passagers, issu du DC3, qui fut fabriqué à près de 3 000 exemplaires par l'URSS et après la guerre pour quelques pays « frères ». La version initiale était propulsée par deux moteurs « Chvatsov » de 900 CV, sous licence de Wright, puis la puissance des moteurs a été portée à 1200 CV. La vitesse de croisière était de 290 km/h et le rayon d'action de 2 000 km. Il a été largement utilisé par Aeroflot pour développer son réseau surtout intérieur après la guerre.

*Lisunov Li 2*

## MIG (Mikoyan-Gourevitch)

C'est un nom très connu de l'aviation soviétique, qui résulta de la rencontre de Mikhael Gurevitch et Artem Mikoyan, qui assurèrent la conception de très nombreux appareils de combat. Ceux-ci ont équipé les forces aériennes soviétiques, ainsi que celles de nombreux pays, en particulier des pays satellites de l'Union Soviétique. MIG a produit 170 modèles et 45 000 avions. Le plus célèbre a été le MIG 15, avec 18 000 appareils fabriqués, qui fut opposé aux chasseurs américains pendant la guerre de Corée. MIG n'a pas eu l'opportunité de travailler sur des projets d'avions de transport, malgré sa grande expérience des avions à réaction.

## OAK (United Aircraft Corporation)

C'est un ensemble russe de constructions aéronautiques qui regroupe les principaux fabricants :
- Aviastar
- Beriev
- Craic
- Ilyouchine
- Irkut

- Mikoyan
- Sukhoi
- Tupolev

**Petlykov**

Ce fabricant a produit un avion efficace pendant la Seconde Guerre mondiale, le Pe2, un bimoteur produit à 11 427 exemplaires. Le concepteur était Vladimir Petlykov.

**Polikarpov**

L'entreprise fut dirigée par Nicolaï Polikarpov, après sa sortie des camps staliniens ! Son appareil le plus fameux fut le chasseur I16 « Ishark » dont la production pendant la Seconde Guerre mondiale porta sur 7 000 exemplaires ! Après la mort de Nicolaï Polikarpov en 1944 les usines passèrent sous le contrôle de Sukhoi.

**Shtcherbakov**

Ce constructeur produisit dans l'urgence de la guerre 1939-1945 un avion de transport léger pour les troupes engagées contre les allemands. L'appareil avait emprunté certains équipements à d'autres avions pour gagner du temps comme le train d'atterrissage à Il-2, l'empennage au Petlykov Pe 2 et, pour économiser les matières premières, l'avion était en bois. C'était un bimoteur équipé de deux moteurs Shvevsov M-11 de 115 CV, lui donnant une vitesse de 155 km/h avec une distance franchissable de 1 000 km. Il pouvait transporter seize passagers ou onze civières. Environ 550 appareils ont été produits. Un certain nombre d'appareils ont été utilisés par Aeroflot.

*Shtcherbakov-2*

**Sukhoi**
C'est un des principaux fabricants russes d'avions de combat. L'entreprise porte le nom de Pavel Osipovich Sukhoi qui fonda le bureau d'études en 1939. Dans une politique de développement et de diversification, la société s'est impliquée dans des programmes d'avions civils. Le bureau d'études est à Moscou et les usines de production à Irkouskt, Novossibirsk, Voronej, Komsolsk/Amour.

Projet KR 860
Dans les années 1990, Sukhoi a travaillé sur un projet d'avion de ligne prévu pour pouvoir transporter 860 à 1 000 passagers, sur deux ponts, propulsé par quatre réacteurs General Electric ou Pratt et Whitney de 300 kN. Son rayon d'action devait être environ 15 000 km. C'était un appareil de la classe du Boeing 747 et de l'Airbus 380.

Sukhoi 80
C'est un bi turbopropulseur de transport léger à décollage court, qui a fait son premier vol le 4 septembre 2001. Il est équipé de deux turbines General Electric CT7 98 de 1 750 CV lui assurant une vitesse de croisière de 430 km/h et une distance franchissable de 1 300 km. Il peut emporter de 26 à 30 passagers. En version fret, l'avion a une rampe arrière qui facilite le chargement. Seulement une dizaine d'appareils a été produite.

Sukhoi 100

C'est un biréacteur moyen-courrier pour 78 ou 98 passagers, qui a effectué son premier vol le 19 mai 2008. La mise en service a eu lieu en 2011. Il est propulsé par deux moteurs PowerJet SAM146 de 80 kN, lui assurant une vitesse de croisière 820 km/h, avec un rayon d'action allant de 2 900 à 4 420 km.

*Sukhoi Superjet 100 d'Aeroflot*

Deux versions sont proposées :
- la série 75 avec une capacité de 78 passagers.
- la série 95 qui emporte 98 passagers ?

Plus de 150 avions sont en service sur un carnet de commandes d'environ 300 exemplaires. Il est utilisé par Interjet au Mexique, en plus des transporteurs russes Aeroflot, Yakutia Airlines, Red Wings Airlines, etc...

**Tupolev**

La création de l'entreprise par André Tupolev date de 1922 sous la forme d'une commission de construction d'avions métalliques, qui deviendra bureau d'études en 1936. C'est en 1990 que la société devint le complexe scientifique et technologique de l'aviation Tupolev. Tupolev a travaillé sur plus de 300 projets et produit 18 000 avions.

Tupolev ANT 6 ou TB3
Ce fut un bombardier lourd qui fit son premier vol le 22 décembre 1930. Il était doté de quatre moteurs Mikolin de 720 CV, sous licence BMW. Sa vitesse de croisière était de moins de 200 km/h sur une distance de 2 000 km. Il pouvait transporter trente-cinq parachutistes mais fut surtout utilisé comme bombardier. Sa construction porta sur 818 appareils. Aeroflot utilisa quelques exemplaires pour le transport de fret.

Tupolev ANT 20 « Maxime Gorki »
Ce fut le plus gros avion du monde en 1935, il avait été conçu à partir du bombardier ANT6. Sa propulsion était assurée par huit moteurs de 900 CV, lui permettant de voler à 200 km/h. Deux avions furent construits, le premier d'écrasa sous les yeux de Staline en 1935, suite à une fausse manœuvre d'un avion d'escorte. L'avion fut largement utilisé comme outil de propagande du régime communiste. Antoine de Saint Exupéry a effectué un vol à bord de l'appareil.

Tupolev Tu-70
C'était un quadrimoteur, dérivé du bombardier Tu-4, ressemblant au bombardier américain B29, doté de moteurs Shvetsov de 2 400 CV et destiné au transport de soixante-douze passagers. Il a fait son premier vol le 27 novembre 1946. Il avait une vitesse maximale de 560 km/h avec une distance franchissable de 4 900 km. Un seul exemplaire fut produit.

Tupolev Tu-104
Ce biréacteur moyen-courrier fut le premier avion commercial à réaction, après les déboires du « Comet » britannique. Il était dérivé du bombardier Tu-16 et effectua son premier vol le 17 juin 1955. Sa mise en service par Aeroflot entre Moscou, Omsk et Irkoutsk a eu lieu le 15 septembre 1956. Il fut déployé vers l'Europe en 1957 et introduit sur le réseau de la compagnie tchèque CSA la même année. La première version TU104 emportait cinquante passagers. Rapidement le Tu-104 a été doté de deux réacteurs « Mikolin » de 87 kN, puis la version Tu-104B allongée de 1,2 mètre, équipée de deux réacteurs « Mikolin » de 97 kN permettant le transport de cent passagers, fut mise en ligne. L'appareil volait à 800 km/h sur une distance de 2 000 km. La production porta sur 201 avions. Pendant vingt-

trois ans d'exploitation, les responsables ont eu à déplorer trente-sept accidents, l'avion posant de sérieux problèmes de pilotage.

*Tupolev Tu-104B d'Aeroflot*

Tupolev Tu-110
L'appareil fut développé comme appareil de transport en partant du Tu-104, doté de quatre réacteurs Lyaltra de 65,7 kN. Il devait transporter cent passagers sur 3 500 km à une vitesse d'environ 850 km/h. Il a fait son premier vol le 4 mars 1957. Quatre avions ont été construits mais le projet fut abandonné.

Tupolev Tu-114
Ce quadri turbopropulseur long-courrier pour 220 passagers, dérivé du bombardier Tu-20, fit son premier vol le 15 novembre 1957. Il fut mis en service le 24 avril 1961 et retiré en 1991. Il était doté d'ailes en flèche lui permettant de voler à une vitesse importante, grâce à ses quatre turbopropulseurs « Kuznetsov » de 15 000 CV et des hélices contrarotatives. Sa vitesse pouvait atteindre 750 km/h et sa distance franchissable 9 000 km. La production fut limitée à trente-deux appareils. L'utilisation a été surtout assurée par Aeroflot pour ses lignes long-courriers.

*Tupolev Tu-114 d'Aeroflot*

Tupolev Tu-124
C'était un biréacteur pouvant transporter cinquante-six passagers, conçu à partir du Tu-104 qui fit son premier vol le 29 mars 1960 et fut mis en service le 2 octobre 1962. Il était équipé de deux réacteurs « Soloviev » D20 d'une puissance de 56,1 kN, lui assurant une vitesse de croisière de 800 km/h sur une distance de 2 100 km. La production a porté sur 164 appareils, dont une partie fut utilisée par des compagnies aériennes comme Aeroflot, Iraqi Airways, Interflug, CSA, etc...

Tupolev Tu-134
C'était un biréacteur moyen-courrier pour soixante-douze à quatre-vingt-quatre passagers, développé à partir du Tu-124, notamment avec un allongement du fuselage de 2,1 mètres. fit son premier vol le 29 juillet 1963 et il a fallu attendre sept ans pour la mise en service le 9 juillet 1970. Il était propulsé par deux réacteurs « Soloviev » D20 de 66 kN, lui assurant une vitesse de croisière de 850 km/h avec un rayon d'action de 1 900 à 3 000 km. L'aspect positif, c'est que production a été importante et porta sur 852 avions. Le côté négatif est que l'appareil eut à déplorer soixante-neuf

accidents mortels. Il fit l'objet d'une utilisation intensive par Aeroflot, ainsi que par LOT, Interflug, Tarom, CSA, Ariana et Rossiya Airlines.

*Tupolev Tu-134 de Kosmos Airlines*

*Tupolev Tu-134 d'Interflug*

*Tupolev Tu-134A de Tatarstan Airlines*

Tupolev Tu-144
Ce fut un quadriréacteur supersonique pour 98/120 passagers qui était le concurrent du Concorde. Il fit son premier vol le 31 décembre 1968 et fut mis service uniquement pour la poste et du fret en novembre 1977 entre Moscou et Alma-Ata au Kazakhstan. Il fut retiré du service en 1978 suite à un accident. Il reprit un service postal pendant une courte période. La version 144S (dix exemplaires) était propulsée par quatre réacteurs « Kuznetsov » à post combustion de 19,8 kN. Une nouvelle version 144D (cinq exemplaires) était propulsée par quatre réacteurs « Kolesov » sans post combustion, ce qui était un avantage pour une économiser le carburant. Ressemblant beaucoup au Concorde (par l'espionnage industriel ?), il était six mètres plus long et le fuselage plus large permettait d'avoir cinq sièges de front contre quatre pour le Concorde. La vitesse de croisière maximale était de 2 500 km/h avec une distance franchissable de 6 500 km. Le Tu-144 connut un dramatique accident pendant le salon aéronautique du Bourget le 3 juin 1973, quand l'appareil s'écrasa sur la ville de Goussainville tuant l'équipage de six personnes et huit personnes au sol. Produit à seize exemplaires, il n'assura que cent-deux vols commerciaux pour Aeroflot. Un appareil fut utilisé par la NASA aux Etats-Unis pour des recherches.

*Tupolev Tu-144*

*Tupolev Tu-144*

Tupolev 154
C'était un triréacteur moyen-courrier pour 160 à 180 passagers, qui a effectué son premier vol le 4 octobre 1968 et fut mis en service en janvier 1971. Différentes versions furent produites :

- Le Tu-154 avait trois réacteurs « Kouznetsov » de 93,2 kN.
- Les Tu-154 A et Tu-154B étaient dotés de trois réacteurs Kouznetsov de 103 kN.
- Le Tu-154M était doté de trois réacteurs Soloviev de 103 kN et fut produit à 606 exemplaires.

L'appareil avait une vitesse de croisière de 850 km/h et un rayon d'action de 6 600 km. La production totale a été importante avec 926 exemplaires et se poursuivit jusqu'en 2013. Il a été un outil important pour Aeroflot, mais aussi pour Mongolian Airlines, Balkan Airlines, Pulkovo Airlines, Bashkirian Airlines, Mahan Air, CAAC, Belavia, etc... Le 25 décembre 2016 un dramatique accident eut lieu avec le crash d'un Tu-154 transportant les Chœurs de l'Armée Rouge, qui s'est écrasé en mer Noire.

*Tupolev Tu-154 d'Aeroflot*

*Tupolev Tu-154 de Tatarstan Airlines*

Tupolev Tu-204
Ce biréacteur moyen-courrier pour 157/210 passagers a effectué son premier vol le 2 janvier 1989.
Il a été décliné en plusieurs versions :
- Tu-204-100 avec deux moteurs « Aviadvigabel » de 154 kN mise en service 1995.
- Tu-204-120 avec deux moteurs « Rolls Royce » fut mis en service en 1998.

Tu-204-300 deux moteurs « Aviadvigabel » est une version raccourcie de six mètres qui fut mise en service en 2005 pour transporter 150 passagers La vitesse de croisière est de 810 km/h et le rayon d'action de 6 500 km. Construit à quatre-vingt-six exemplaires, qui ont été utilisés par Aeroflot, Cubana, Air Koryo (Corée du Nord), Dalavia, Red Wings Airlines, Transaero, etc...

*Tupolev Tu-204-100C*

*Tupolev Tu-204-300 d'Air Koryo*

*Tupolev Tu-204-300 de Rossiya*

Tupolev Tu-214
C'est une variante du Tu-204 construite par une autre usine Kazan Aircraft Production Association qui a fait son premier vol le 21 mars 1996. Sa capacité est de 210 passagers. Le modèle 214 est propulsé soit par des réacteurs « Aviadvigel » ou des « Rolls Royce » de 157 kN. La vitesse de croisière est de 900 km/h pour une autonomie de 4 300 à 5 800 km. Quelques utilisateurs ont été Dalavia Airlines en mai 2001, Transaero, Uralskie ou encore Slovak Airlines.

Tupolev Tu-334
Ce projet était pour un biréacteur à moteurs situés à l'arrière de l'appareil, pour 72 à 100 passagers. Il était propulsé par des réacteurs Progress de 73,6 kN, assurant une vitesse de croisière 820 km/h sur environ 3 100 km. Il fit son premier vol le 8 décembre 1999 et un second avion fut construit. Malgré près de trois cents commandes le projet fut arrêté pour de raisons financières.

Tupolev Tu-444
C'est le projet d'un appareil supersonique pour une dizaine de passagers « affaires ». Il est prévu d'utiliser deux réacteurs Saturn de 95 kN pour lui

assurer une vitesse de 2 100 km/h avec une distance franchissable de 7 500 km.

## Yakovlev

C'est un grand fabricant d'avions de chasse qui a entrepris une diversification dans le transport aérien civil. Sa création remonte à 1934 par Alexandre Serheïvitch Yalovlev. Le siège de la société est à Moscou.

### Yak-6

Sa construction a été décidée en avril 1942 et le premier vol eut lieu en juin 1942 ! L'appareil était un bimoteur de transport pour six passagers pouvant également servir de bombardier. Il avait deux moteurs de 140 CV lui assurant une vitesse maximale de 180 km/h et un rayon d'action de 900 km. Il fut construit à 381 exemplaires et utilisé notamment par l'escadrille Normandie-Niemen.

### Yak-40

C'était un triréacteur court-courrier pour vingt-quatre à vingt-sept passagers qui a effectué son premier vol le 21 octobre 1966 et fut mis en service en 1968. Ce fut le premier appareil de transport soviétique conçu selon les standards occidentaux. Il était destiné initialement au transport sur de courtes distances en remplacement des IL12 et des Li 2. Il était propulsé par trois réacteurs Ivchenko de 14,7 kN lui donnant une vitesse de croisière de 550 km/h avec un rayon d'action de 1 800 km. Le projet du Yak 40 M fut étudié avec une possibilité d'emport de quarante passagers mais ne fut pas produit. La fabrication a porté sur 1013 appareils. Son utilisation fut assurée par Aeroflot et de nombreuses compagnies en Moldavie, Pérou, Grèce, Vietnam, etc... Il fut aussi largement utilisé par de nombreuses forces aériennes militaires.

### Yak-42

C'est un tri réacteur court et moyen-courrier pour 90/120 passagers conçu pour remplacer le Tu-134. Il a effectué son premier vol le 7 mars 1975 et a été mis en service le 22 décembre 1980. Il était propulsé par trois réacteurs Lotarev D36 de 63,7 kN à double flux, lui assurant une vitesse de croisière de 740 km/h avec une distance franchissable de 1 900 km. La production a porté sur 185 avions. Parmi les utilisateurs Aeroflot, Kuban Airlines, Saravia, Donbass Aero...

*Yakovlev Yak-42*

*Yakovlev Yak-42 de Tatarstan Airlines en vol*

*Yakovlev Yak-42 de Tatarstan Airlines en vol*

*Yakovlev Yak-42*

# Les personnalités

Les hommes et les femmes qui ont participé au développement de l'aviation sous la période soviétique ont construit une industrie et des compagnies aériennes sous un régime collectif. Il n'y a pas eu comme dans les pays occidentaux des aventures humaines, conduites par des personnalités mettant en œuvre des ressources du secteur privé, pour développer des entreprises. Les informations sont parfois difficiles à obtenir, en raison de la culture du secret toujours présente en Russie. Tout dépendait du bon vouloir de l'Etat avec les lourdeurs et lenteurs administratives. Cela se voit en particulier dans l'industrie avec les délais de mise en service des avions, plusieurs années après le premier vol, alors qu'en Occident généralement moins de deux ans sont nécessaires. La principale raison était la partition entre la conception dépendant d'un bureau d'études et la fabrication dans des usines dont la gestion était séparée. Par ailleurs la politique répressive a conduit un certain nombre de talents dans les camps ou au peloton d'exécution. Les personnalités évoquées ont joué un rôle important dans l'histoire de l'aviation, pas obligatoirement dans le transport aérien ou la construction aéronautique directement, mais leur engagement a permis par la suite à l'aviation commerciale de se développer grâce à leur travail, leur expérience, leur courage, leur exemple.

**Antonov Olev Konstantinovich (1906-1984)**
Ce grand ingénieur russe diplômé de l'Institut Polytechnique de Leningrad avait dessiné de nombreux planeurs tout en terminant ses études en 1930. Il sera responsable du bureau d'études de Yakovlev avant d'avoir la responsabilité d'Antonov implanté à Novossibirsk puis à Kiev. Il a eu un rôle important dans la construction d'avions commerciaux comme l'AN-8, très rustique dans son apparence, et qui servait pour les travaux agricoles aériens et pouvait emporter douze passagers. Autre appareil emblématique avec l'Antonov AN-12, quadri turbopropulseur issu de l'AN-10, qui fut largement utilisé par les militaires, mais aussi par de nombreuses compagnies pour le transport du fret. Il a été député de 1958 à 1984 et a été trois fois distingué par l'ordre de Lénine.

**Balobuyeu Petro Vasylouych**
Il remplaça Oleg Antonov après son décès à la tête de la société et a été le responsable de la conception de l'avion géant AN 225.

**Bardoukov Guergiu**
Il participa comme navigateur au vol au-dessus du pôle nord en juin 1937 sous les ordres de Valeri Tchkalov avec Alexander Belioukov comme copilote.

**Bakchivadzhi Grigory**
Ce pilote était aux commandes en 1943 du premier avion à réaction construit par l'URSS.

**Belioukov Alexander (1897-1982)**
Il participa au survol du pôle nord en juin 1937 comme copilote sous les ordres de Valeri Tchkalov, pendant le raid Moscou-San Francisco, qui se posa à Vancouver par manque de carburant.

**Belousov Vitaly**
Il a été l'ingénieur responsable du programme du quadri turbopropulseur IL18.

**Benderov Vladimir (1924-1973)**
Il fut passionné dès son plus jeune âge par l'aviation. Il suivit les cours de l'Ecole Supérieure de l'Armée de l'Air. Il fut stagiaire pour un poste d'astronaute mais ne fut pas en mesure de suivre le cursus. Il redevint pilote et était aux commandes du Tu-144 qui s'écrasa le 3 juin 1973 à proximité du Bourget.

**Berchansskaïa Yvdokia**
Aviatrice qui commandait un régiment aérien pendant le Seconde Guerre mondiale à l'âge de 26 ans.

### Bezverkhny Valery Irkoust
Il a été nommé responsable du seul fabricant russe d'avions commerciaux, chez Irkut. Il a été un des acteurs de la création de OAK avec Alexei Fedorov pour unifier l'aviation russe

### Borisov Sergei
Il fut chef pilote chez Tupolev et assura des essais sur le Tu-144.

### Chyetveriko Igor (1909-1987)
Diplômé de l'Institut de Leningrad, il se spécialisa dans la conception des hydravions à partir de 1931. Ensuite il fera un passage au Goulag… Son appareil MDR6 sera produit pendant la guerre à cinquante exemplaires. Il avait conçu le TA1 un avion pour le transport de huit passagers, mais qui resta au stade de prototype. Après celle-ci, il travailla sur un nouvel appareil à partir de l'avion allemand Arado.

### Elyan Edward V (1926-2009)
Après des études à l'institut des forces aériennes soviétiques et avoir participé à la fin de la Seconde Guerre mondiale, il a fait une carrière de pilote d'essais. Il était le 31 décembre 1968 aux commandes du Tu-144, le premier avion de transport supersonique de construction soviétique.

### Grigorovich Dimitry Pavlovich (1883-1938)
Cet ingénieur, diplômé de l'institut polytechnique de Kiev s'intéressa à l'aviation dès 1905. Il concevra un certain nombre d'hydravions et sera victime des purges staliniennes tout en étant toujours un bon concepteur. Il est mort de maladie en 1938.

### Gurevich Mikhael (1893-1976)
Il fit des études brillantes à l'Institut de mathématiques de Kharkov ainsi qu'en France, à Sup Aéro, en même temps que Marcel Dassault. Il dirigea un temps Polikarkov et forma ensuite avec Mikoyan le groupe MIG. Mikhael Gurevich ne sera jamais membre du parti communiste, ce qui ne l'empêcha pas de recevoir le prix Lénine.

**Illiouchine Serguei Vladimirovitch (1894-1977)**
Il avait quitté l'école à onze ans et fit des petits métiers. Pendant la Première Guerre mondiale il devint mécanicien avion puis pilote. Après le conflit il fut envoyé à l'école des ingénieurs d'aviation dont il sortit en 1926 avec son diplôme. Il collabora avec le grand savant Joukovski. Rapidement il créa son propre bureau d'études qui conçut des avions performants pendant la guerre. Après celle-ci, il orienta la conception vers les appareils civils depuis le Il-12 au Il-96. Il reçut de nombreuses décorations dont le titre de Héros du travail et fut nommé professeur à l'Académie Joukovski. Il a supervisé plus de cinquante projets.

**Ivtchenko Alexander (1903-1968)**
Il commença comme ouvrier puis réussit à suivre des études pour devenir ingénieur, diplômé en combustion interne des moteurs. Il commença son travail en améliorant les moteurs existants. En 1938, il aura la responsabilité du développement d'un moteur de 1500 CV. De 1945 à 1968 il sera en charge de l'amélioration des performances de nombreux moteurs. Il sera honoré du titre de Héros du travail et de l'ordre de Lénine.

**Joukovski Nicolaï (1847-1921)**
Ce grand scientifique fut diplômé de l'Université Bauman de Moscou. Il poursuivit des recherches qui le conduisirent en 1904 à la création de la première soufflerie en Russie. Il créa ensuite le premier institut aérodynamique d'Europe. Il fut surnommé par Lénine « le père de l'aviation soviétique » !

**Kalinin Konstantin Alexievitch (1889-1938)**
Il avait déposé un brevet d'aile elliptique en 1923. Il développa seize modèles jusqu'en 1938, année où il a été fusillé, victime des purges exigées par Staline. Il est officiellement mort en 1940 !

**Klimov Vladimir Yokovlevitch (1892-1962)**
Il a dirigé une usine de fabrication de moteurs sous licence Hispano-Suiza à partir de 1935. Initialement l'usine avait appartenu à Renault-Russie avec dix mille salariés pendant la Première Guerre mondiale. Après la Seconde

Guerre mondiale, il contrôla la production de réacteurs sous licence de Rolls Royce.

### Kokkinaki Vladimir K (1904-1985)
Il fut un pilote d'essais réputé et assura le 2 janvier 1963 le premier vol du quadriréacteur Il-62. Il avait vingt-deux records du monde à son actif et fut président de la Fédération Aéronautique Internationale. Il a reçu l'ordre de Lénine.

### Kokkinaki Konstantin Kostantinivich (1910-1990)
Il était le frère de Vladimir K. et fut un brillant combattant pendant la Seconde Guerre mondiale avec quatorze victoires. Il devint par la suite pilote d'essais et sera fait Héros de l'Union Soviétique.

### Kolosov Arseny
Pilote d'essais, il assura en particulier le premier vol du Yak 40 le 21 octobre 1966 et celui du Yak 42 le 7 mars 1975.

### Kouznetsov Nicolaï (1911-1995)
Il devint militaire en 1933 puis ingénieur pilote. Il développa différents moteurs, notamment à partir des projets allemands récupérés en 1945, avec la « participation » d'ingénieurs prisonniers à la fin du conflit. Il sera notamment en charge du moteur du quadriréacteur supersonique Tu-144. Il a été distingué par le titre de Héros du travail ainsi que le prix Lénine.

### Kravtsova Nathalia (1922-2005)
Elle fut diplômée de l'Institut d'aviation de Moscou et rapidement, à 19 ans, devint commandant d'une escadrille de bombardiers totalement féminine. Elle a accompli 982 missions pendant la Seconde Guerre mondiale. Après celle-ci, elle resta dans l'armée, devint traductrice et écrivain. Elle a été faite Héroïne de l'Union soviétique.

### Lavochkin Semyon A Alexsevitch (1900-1960)
C'était un ingénieur diplômé de l'Université Bauman de Moscou en 1918. Il travailla ensuite sous les ordres de Tupolev. En 1939, il créa son bureau d'études qui conçut notamment deux chasseurs le La 5 et le La 7 qui furent

des avions très performants, construits en très grande série. Il fut honoré du titre de Héros du travail et de l'ordre de Lénine.

### Lisunov Boris Pavlovich (1898-1946)
Après des études à l'institut des ingénieurs de l'Armée de l'Air, il commença son activité. Rapidement il fit un séjour de deux ans chez Douglas aux Etats-Unis pour préparer la mise en place de la fabrication en URSS du DC3. Il devint directeur de l'usine n°39, mais il fut arrêté en 1939 suite aux grandes purges staliniennes.

### Général Loginov Ye F
Il a dirigé la compagnie Aeroflot pendant les années 1960. Il avait été préalablement le responsable des forces aériennes soviétiques.

### Lotarev Vladimir Alexeïevitch (1914-1994)
Après une formation d'ingénieur à l'académie aéronautique de Kharkov, il travailla chez Ivenchenko et se consacra à l'amélioration des performances des réacteurs. Il reçut le prix Lénine en 1960.

### Markov Dmitri Sergeyvitch (1905-1997)
Il a commencé son activité aéronautique en 1928. Il fut responsable de la conception du Polikarkov I 7 puis deviendra le responsable de la conception chez Tupolev, en particulier celle du Tu-154.

### Merkulov Victor Ivanovitch
Créateur en 2000 de la compagnie aérienne VIM Airlines qui se développa en particulier en reprenant des parts de marché à ses concurrents comme Chitaavia, Aerobratsk, Russian Sky airlines. La compagnie sera mise en faillite en octobre 2017.

### Miassichtchev Wladimir (1902-1974)
Il fut diplômé de l'Université Technique de Moscou en 1926. Il commença par travailler pour Tupolev. Ensuite, il seconda Lisounov aux Etats-Unis pour préparer la fabrication du DC3 en URSS. Il sera frappé par les purges staliniennes, mais continua à travailler pour l'aviation. Il sera fait Héros du Travail et reçut le prix Lénine !

**Mikoyan Artem (1905-1970)**
Il commença comme ouvrier à Rostov et, après son service militaire, il suivit les cours de l'Académie de la force aérienne dont il sera diplômé en 1937. Il coopéra avec Lisounov et rencontra Mikhael Gurevich avec lequel ils formeront MIG qui produira de nombreux chasseurs, dont le fameux MIG15 qui a été fabriqué à plus de 15 000 exemplaires !

**Nesteov Piotr (1887-1914)**
Il fit des études dans un cadre militaire et fut attiré par l'aviation. Pilote, il devint célèbre le 8 septembre 1914 en jetant son avion sur celui de son ennemi autrichien piloté par Franz Malina avec comme navigateur le baron von Resenthal. Il fut le premier « kamikase ». Les russes disent « Taran ».

**Petlyakov Wladimir (1891-1942)**
Il se forma au laboratoire de l'Université de Moscou avec A. Tupolev. Il aura un rôle important dans les recherches sur les matériaux pour la conception des ailes pour les appareils volant à haute altitude. Il concevra en particulier le Pe 8, un bombardier propulsé par huit moteurs et surtout le chasseur bombardier Pe 2 dont plus de 11 000 exemplaires furent utilisés par les forces soviétiques.

**Pogosyan Mikhail (1956-)**
Il a été diplômé de la faculté aéronautique de Moscou en 1979. Il a rejoint ensuite le groupe Sukhoi. En 2015 il était nommé directeur général du groupe United Aircraft Corporation et en 2016 recteur de l'Université aéronautique de Moscou.

**Polikarpov Nikolaï (1892-1944)**
Ingénieur, il fit ses études à l'Institut polytechnique de Saint Petersburg. Il commença ses activités notamment avec Pavel Sukhoi. Il fut victime de la répression stalinienne, condamné à mort, puis transféré dans une usine pour concevoir de nouveaux avions. Il fut surnommé « le roi des chasseurs » en particulier avec les « I 15 » et surtout le modèle « I 16 » qui était un avion à train rentrant et cockpit fermé. En 1938, il créa son bureau d'études, mais fut envoyé en Allemagne (alliée de l'Union Soviétique à ce moment). A son

retour son bureau d'études était passé à Sukhoi... Il devint professeur à l'Institut Aéronautique de Moscou avant de mourir en 1944.

**Pokrishkine Alexandre (1913-1985)**
Ce fut un as de la Seconde Guerre mondiale avec soixante-cinq victoires, ayant effectué plus de deux cents missions. Après la guerre il continua une brillante carrière militaire tout en étant régulièrement réélu député.

**Pukhov Alexander**
Chef du bureau d'études de la société Tupolev en particulier pour le Tu-144 lors des essais effectués par la NASA. Il avait travaillé sur un projet de Tu-244, pour 300 passagers volant à 2 200 km/h sur 7 000 km! Il espérait un soutien de Boeing à Tupolev...

**Raskova Nathalia (1912-1943)**
Elle fut la première femme en Russie à être diplômée navigateur professionnel. Pendant la guerre elle assura la création de trois escadrilles de bombardement. Elle décéda suite à un atterrissage forcé près de Stalingrad le 4 janvier 1943.

**Shtcherbarov Alexeï**
Il avait conçu le Shch-2 qui servit pour le ravitaillement des troupes et des partisans surtout à la fin de la Seconde Guerre mondiale.

**Sukhoi Pavel Osipovich (1895-1975)**
Il fit ses études à l'institut Bauman à Moscou. Il passa sa thèse en 1925 sous la férule de A. Tupolev. Il entra dans la société, devint chef du bureau d'études en 1932 et responsable de la conception en 1938. En septembre 1939, il décida de fonder son propre bureau d'études. Il conçut plusieurs appareils d'attaque au sol : Su 17, Su 20... Il ne vit pas le premier vol de son dernier-né, le Su 27. Il fut honoré par le titre de Héros du travail et du prix Lénine

**Tchkalov Valeri (1904-1938)**
Pilote renommé qui assura les essais de plus de soixante-dix avions et réussit un vol en juin 1937 entre Moscou et Vancouver en 65 heures lui

permettant de survoler le pôle Nord sur un avion Ant 25, la destination initiale étant San Francisco. Il était accompagné par Alexandre Belioukov co-pilote et Gueorgui Bailoukov, navigateur. Il perdit la vie suite à un accident pendant des essais l'année suivante.

### Tchaplyguine Sergueï Aleksedvitch (1869-1942)
Après des études à l'Université de Moscou, il fut un savant reconnu dont les travaux sur l'écoulement des fluides ont permis des progrès importants dans la conception des ailes des nouveaux avions. Il a été distingué comme Héros du travail.

### Tupolev Alexei (1925-2001)
Fils du célèbre concepteur, il fit des études d'ingénieur à l'institut aéronautique de Moscou. Il commença à travailler avec son père en 1942. Il le remplaça comme responsable de Tupolev après son décès et assura la conception du Tu-144 et de la navette « Bourane ».

### Tupolev Andreï (1888-1972)
Après des études à l'Université de Moscou, il travailla au sein de l'Institut Central d'aérodynamique et hydrodynamique. Il assura la conception d'une centaine d'appareils. Il fut arrêté en 1937 pendant les purges staliniennes et libéré en 1944, tout en travaillant pour l'industrie aéronautique… Il a reçu les titres de Héros du travail et l'ordre de Lénine.

### Yakovlev Alexander Sergeyevich (1906-1989)
Il a fait des études d'ingénieur à l'Académie Militaire et devint rapidement chef du bureau d'études d'une entreprise qui prendra son nom. Il a été nommé directeur du bureau d'études en 1937. Après l'attaque des allemands en 1941, il a dirigé le transfert des usines vers l'Est du pays, pour protéger les moyens de production. Il sera en même temps, de 1940 à 1948, commissaire politique et ministre de l'air. Il aura une grande créativité avec la conception d'avions de voltiges, du premier avion à réaction russe le Yak 15 et des avions de transport Yak 40 et Yak 42. Il recevra le prix Staline et sera fait général.

**Yatensko VP**
Il dirigea le groupe de recherches Kochergin qui produisit un chasseur en 1935.

**Yeger Serguei (1914-1987)**
Il avait d'abord fait des études commerciales puis devint technicien et repris des études pour devenir docteur en sciences techniques. Il commença à travailler en 1932 et rencontra Tupolev en 1933. Il fut arrêté avec Andreï Tupolev en 1938, mais travailla pour la production aéronautique dans un camp spécialisé. Il a été responsable de nombreux projets comme les Tu-73, Tu-78, et fut un des concepteurs du Tu-154.

**Zelenko Ekaterina (1916-1941)**
Originaire de Koursk, elle fut diplômée pilote en 1933 et intégra une escadrille de bombardement. Elle est la seule pilote femme de l'histoire de l'aviation à avoir percuté volontairement un avion ennemi (l'acte porte le nom de « Taran ») le 12 septembre 1941 au-dessus de l'Ukraine. Elle fut nommée Héros de l'Union Soviétique seulement le 5 mai 1990 ! Elle avait eu le prix Lénine en 1941. Son mari a disparu en 1943 en combat aérien.

# Les compagnies aériennes

Si, jusqu'en 1991, la situation pour le voyage aérien a été le monopole d'Aeroflot, la libéralisation de l'économie a ouvert le marché à un certain nombre de nouveaux transporteurs, ce qui a développé l'offre de voyages aériens avec une forte progression du nombre de passagers. Pour l'année 2019, les compagnies aériennes russes ont transporté 128 millions de voyageurs. Si ce chiffre est important, en comparant d'autres transporteurs, il est inférieur au nombre de passagers transportés par la seule compagnie Ryanair.

**Aeroflot**
La création d'Aeroflot remonte à 1932, quand elle a succédé à Dobrolet dont les débuts remontent à février 1923 avec l'ouverture d'une ligne entre Moscou et Nizhny-Novogorod. Aeroflot était divisée en vingt-sept directions pour assurer l'exploitation des différents Etats et régions qui composaient l'Union Soviétique. La compagnie se développa en fonction des objectifs des plans et elle eut à suspendre une grande partie de ses vols avec la guerre entre 1941 et 1944. Elle recommença à relier Moscou à Leningrad peu de temps après la fin du terrible siège. Pour son équipement, elle fut dotée des centaines de Li2, la version soviétique du DC3 qui permit aux autorités de reprendre les liaisons avec de nombreuses cités après la grande interruption due à la guerre. Le fort développement de l'aviation militaire permit de fabriquer des appareils civils en partant des avions destinés au bombardement ou la reconnaissance. Le 15 septembre 1956, fut mis en service par Aeroflot le Tu-104 qui était alors le seul avion à réaction en service à l'époque, après les déboires du « Comet » britannique. Pour l'année 1958, Aeroflot aurait transporté neuf millions de passagers. Le réseau était très étendu, certaines lignes vers l'étranger n'étant exploitées que pour des motifs politiques, la rentabilité des dessertes n'étant pas un critère fondamental dans la gestion de l'entreprise… La flotte en service était pléthorique avec une centaine de Tu-104 A, une vingtaine de Tu-104 B, cinquante Il-18, vingt-cinq AN10, quatre Tu-114 et plus de mille-six cents Il-12/14 ! En 1967, Aeroflot aurait transporté 45 millions de passagers, tandis qu'en 1982 le trafic a porté sur 108 millions de voyageurs,

dont seulement 2,7 millions avec l'étranger. L'Aeroflot avait un réseau comportant 3 600 escales situées dans 93 pays !

*Tupolev Tu-134A d'Aeroflot*

*Tupolev Tu-154 d'Aeroflot*

*Sukhoi Superjet 100 d'Aeroflot*

*Iliouchine Il-76 d'Aeroflot*

Avec l'éclatement de l'URSS, au début des années 1990, la gestion devint différente. L'Aeroflot, ancien bastion du transport aérien administré, devint une compagnie presque comme les autres... Sa taille fut fortement réduite, l'activité recentrée sur le transport aérien, en laissant les autres missions à l'Administration., comme la gestion des aéroports, le contrôle aérien, les travaux d'aviation agricole, etc... Son réseau est important, aussi bien en Russie qu'à l'étranger. Elle le dessert avec une flotte de deux cent cinquante avions, essentiellement des Airbus, dont cent-sept Airbus 320 et

Airbus 321, vingt Airbus 330 ainsi que des Boeing, dont quarante-huit du type 737 ainsi que dix-sept Boeing 777. La construction russe est représentée par cinquante-quatre Sukhoi 100 avec une centaine d'appareils en attente de livraison. Aeroflot a aussi en commande cinquante MC-21, pour assurer ses lignes régionales. Les anciens avions de construction soviétique ont été mis aux rebuts. Pour l'année 2019, le trafic a porté sur trente-sept millions de passagers.

L'immensité du pays et l'énorme marché que représente la Russie a suscité des vocations et la création de nouveaux transporteurs, avec des objectifs souvent locaux, mais aussi des ambitions nationales et internationales. De nouveaux noms sont apparus dans le ciel russe avec des fortunes diverses…

**Alrosa Airlines**
Ce transporteur date de l'année 2000, son activité est liée au groupe minier Alrosa. La base est dans l'Est de la Sibérie sur l'aéroport de Lenck-Mirny, ainsi que sur celui de Novossibirsk. La flotte comporte une demi-douzaine de Boeing 737-700/800 qui volent vers une dizaine de destinations en Russie. Des vols charters sont également effectués. Par ailleurs la compagnie dispose d'une flotte d'hélicoptères pour les opérations du groupe minier.

*Tupolev 134 de Alrosa Airlines*

**Angara Airlines**
La création date de l'an 2000 avec comme base Irkutsk. La compagnie, qui fait partie du groupe Eastland, a une activité surtout en Sibérie où elle pose ses avions sur vingt-six aéroports. Elle utilise une flotte comprenant cinq Antonov An-148, six An-24, trois An-26 et une dizaine d'hélicoptères pour l'exploitation des groupes pétroliers. Elle doit recevoir en 2022 trois Irkut MC-21.

*Antonov 148-100E de Angara Airlines*

*Antonov An-24R*

**AirBridgeCargo Airlines**
Cette compagnie, membre du groupe Volga-Dnepr, est un très important acteur du transport de fret depuis 2004. Avec une flotte de treize Boeing 747-8 et quatre Boeing 747-400, parcourant un réseau allant de Chicago à Tokyo en passant par Paris, Amsterdam, Moscou, Shanghai, soit un total de trente destinations, c'est une des plus importantes compagnies de transport de fret du monde.

*Boeing 747-8 de AirBridgeCargo Airlines*

**Atran**
C'est une société qui assure des vols cargos, membre du groupe Volga Dnepr. Elle est basée sur l'aéroport de Moscou-Domodedovo. Son histoire remonte à 1942 comme branche de l'Aeroflot, spécialisée dans le transport des éléments d'avions. Elle est indépendante depuis 1992, et a pris le nom d'Aviatrans puis Atran. Elle assure ses vols avec cinq Boeing 737.

**Aurora Airlines**
Ce fut une création, à la demande du premier ministre Dimitri Medvedev, d'un transporteur dédié à l'Extrême Orient. La compagnie porta le nom de Taiga Airlines après le rapprochement, sous l'égide d'Aeroflot avec 51 %

du capital, de deux compagnies SAT et Vladivostok Airlines. Le solde étant détenu par la région de Sakhaline. La base principale est Khaborovsk. La flotte comprend une dizaine d'Airbus 319 ainsi qu'une dizaine de Bombardier Dash 8.

**Aviacon Zitotrans**
Compagnie spécialisée dans le transport de fret au plan international depuis sa base de Ekaterinbourg. En 2008, elle a pris le nom de Aviacon Air Cargo. Elle utilise une flotte de sept Il-76D pour assurer ses missions.

**Azimuth**
Les débuts datent du mois d'octobre 2017 avec pour objectif l'amélioration de la desserte de l'aéroport de Rostov sur le Don. La compagnie a trente destinations en Russie, de Kaliningrad à Novossibirsk, la plupart au départ de Rostov et Krasnodar, avec plusieurs lignes internationales à destination de Tel Aviv, Bichkek, Erevan, etc... Azimuth a une flotte de onze avions du type Sukhoi Superjet 100.

*Sukhoi Superjet 100 de Azimuth*

**Azurair**
Filiale d'UT Air. La création a eu lieu en décembre 2004 pour assurer des vols charters depuis sa base de Tioumen. Elle a un réseau qui va depuis Cuba et Cancun jusqu'à Hainan en Chine, ainsi qu'une vingtaine de villes russes. Elle dispose d'une flotte qui comprend six Boeing 737 NG, huit Boeing 757, douze Boeing 767 et quatre Boeing 777. En 2019, le trafic a été de 5,8 millions de passagers.

**Gazpromavia**
Création en 1995 par le très puissant groupe pétrolier Gazprom. Elle est basée sur l'aéroport de Moscou-Ostafyevo qui lui appartient en coopération avec le ministère de la Défense. Elle a une activité de transport régulier de passagers, vers une quinzaine de villes russes, des escales en Italie, en Serbie, etc... Elle assure surtout beaucoup de vols charters en soutien des activités pétrolières du groupe en particulier avec sa flotte de cent-six hélicoptères. Ses moyens classiques comprennent trois Boeing 737-700, quatre Dassault Falcon pour les vols VIP, dix Sukhoi 100 et quatre Yak 40.

**Ikar Airlines-Pegasfly**
La compagnie a été une création sous le nom d'Ikar avec comme nom commercial Pegasfly en 1993. Sa base opérationnelle est l'aéroport de Krasniarsk. Sa flotte actuelle comprend quatre Boeing 767, quatre Embraer 190 et six Boeing 737. Comme beaucoup de transporteurs, les dirigeants sont dans l'expectative sur l'avenir de la flotte.

**IrAero**
Compagnie dont la création a eu lieu en 1999 avec comme base Irkoutsk. Elle avait un réseau intérieur assez important qui allait de Vladivostok à Saint-Petersbourg et même la Chine mais qui a été réduit. Elle avait trois Boeing 777, ayant appartenu à VIM Airlines, dont l'utilisation a été stoppée début 2020, ainsi que des Bombardier CRJ. Actuellement Irair a en service dix Sukhoi 100.

**I Fly**
C'est une compagnie spécialisée dans les vols charters depuis 2009. Sa base principale est l'aéroport de Moscou-Vnoukovo. Elle a un réseau important

de vols pour le Tour operateur « TEZ Tour » qui comprend trente-trois destinations, dont douze en Chine et cinq en Italie. Pour l'exploitation de son réseau, I Fly dispose de sept Airbus 330-200 /300 et deux Airbus 319.

**Komiaviatrans**
La compagnie commença ses activités en 1998. Sa base est sur l'aéroport de Skytyukar (république de Komi, à l'ouest de l'Oural). Elle exploite un réseau local dans le nord-est de la Russie avec cinq Embraer 145.

**Khabarovsk Airlines**
C'est une compagnie qui date de 2004, sa création ayant été assurée par les autorités régionales pour relier une dizaine d'escales proches de Khabarovsk. Elle utilise des avions anciens du type AN 24 et Let 410.

*Yak-40 de Khabarovsk Airlines*

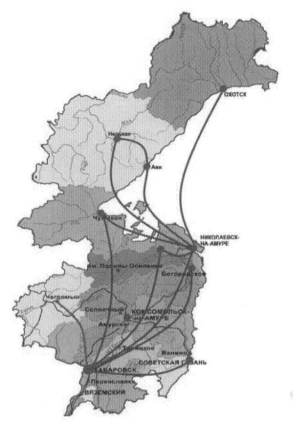

*Réseau de Khabarovsk Airlines*

*Let 410 de Khabarovsk Airlines*

**Kosmos Airlines**

Sa création date de 1995, elle a pris le nom de Kosmos Airlines en 2001. C'est la compagnie de l'agence spatiale russe qui assure en particulier les vols vers Baïkonour. Elle effectue des vols essentiellement charters au moyen de quelques Tu-134. Sa base est située sur l'aéroport de Moscou-Vnoukovo.

*Antonov An-12B de la Kosmos Airlines*

*Tupolev Tu-134 de la Kosmos Airlines*

**Nordstar**
Création le 17 décembre 2008 et premier vol le 17 juin 2009. La base principale est l'aéroport Norislsk qui est dans le Nord de la Sibérie. Nordstar exploite un réseau de quarante-cinq destinations, surtout en Sibérie, et des vols charters vers le soleil de la Méditerranée au départ de Moscou. La flotte comprend une douzaine d'appareils Boeing 737 et ATR 42-500.

**Nordwind Airlines**
Ses débuts ont eu lieu en août 2008, avec pour base l'aéroport de Moscou-Sheremetyevo. Elle dessert près d'une centaine d'escales dans vingt-six pays, soit par des vols réguliers, en particulier vers vingt-six villes russes et de nombreux vols charters vers le Mexique, Cuba, la république dominicaine, la Thaïlande, etc... La flotte est importante et comprend une dizaine de Boeing 777, des Airbus 321 et 330 et des Boeing 737-800.

**Podeba**
C'est une filiale à bas coûts d'Aeroflot avec Moscou-Vnoukovo comme base. En 2015, avec une douzaine de Boeing 737, ses vols étaient assurés vers une vingtaine d'escales, dans la partie européenne de la Russie. En 2017, le nombre de passagers transportés a été de 4,6 millions. Depuis, la flotte de Boeing a doublé et le nombre d'escales est passé à vingt-six dont quelques-unes en Europe de l'ouest et en Turquie. Le nombre de voyageurs en 2019 a été de 9,6 millions de passagers.

**Polar Airlines**
Transporteur régional qui a pour base Yakutsk et qui est contrôlé par la région. Son réseau est local avec une dizaine d'escales dans la région. En plus de douze An 24, trois An 26 et cinq L 410, elle met en ligne une flotte de vingt-sept hélicoptères pour différentes missions locales. Son plan de développement prévoit le remplacement des anciens appareils par de nouveaux avions de production russe.

*Antonov An-26B-100*

**Redwings Airlines**

Créée en 1999, elle fut un temps la propriété du milliardaire Alexandre Lebedev, qui l'a vendu en 2013 pour un rouble suite à des difficultés financières. En 2020 elle dessert dix-sept destinations dans sept pays, au départ Moscou-Domodedovo, Sotchi et Simferopol avec une flotte d'Airbus 320 et 321.

*Tupolev Tu-204-100 de Red Wings Airlines*

**Rossiya Airlines**
Son histoire a commencé en 1932 pour relier Leningrad à Moscou. Après la fin du monopole d'Aeroflot elle a commencé ses vols en 1992, a été nationalisée et opère ses vols en coopération avec Aeroflot. Son siège est à Saint Petersburg et elle a une base importante à Moscou-Poulkovo. Son trafic en 2019 a été de 11,6 millions de passagers. Son réseau est important avec environ quatre-vingts escales de Barcelone à Krasnoyarsk. Elle utilise une flotte de trente Airbus 319/320, seize Boeing 737, huit Boeing 747 et neuf Boeing 777.

*Antonov An-148-100B de Rossiya Airlines*

*Tupolev Tu-154M de Rossiya Airlines*

**Royal Flight**

La compagnie date de 1992, d'abord sous le nom d'Abadan Avia. Elle prendra son nom actuel en 2014. Elle assure de nombreux vols charters sur un réseau allant du Maroc à cinq villes chinoises. Sa flotte comprend trois Boeing 737-800, cinq Boeing 757, trois Boeing 767 et trois Boeing 777.

**Rusline**

Création en 1999 sous le nom d'Aerotex Airlines. Elle devint Rusline en 2013 avec comme base principale Moscou-Vnoukovo pour des vols réguliers et charters. Elle a une trentaine d'escales en Russie et également à Berlin, Nice, Erevan, Minsk, etc... Sa flotte comprend dix-sept Bombardier CRJ100/200. Elle est devenue en 2020 la douzième compagnie russe membre de l'IATA.

*CRJ100ER de Rusline*

**Severstal Air Company**

La création date de 1992. Elle est basée sur l'aéroport de Cherepovets que la compagnie gère, qui est à 500 km à l'est de Saint Petersburg. C'est une compagnie privée animée par Nicolay Ivanovsky. Elle a un réseau assez important comprenant dix-huit escales qui sont reliées par six Bombardier CRJ 200 et quatre Sukhoi RRJ 95.

*Réseau de Serverstal Air Company*

**Smartavia**
C'est une compagnie basée à Arkhangelsk dont l'origine remonte à 1963. Elle fut une branche d'Aeroflot. Après l'ouverture du marché, Aeroflot prit 51% du capital de Nordavia avant de revendre sa participation en 2011. Une fusion avec RedWings Airlines avait été entamée sans aller jusqu'au bout en 2017. La compagnie reste une low cost qui utilise treize Boeing 737.

**Sky Gates Airlines**
C'est un transporteur de fret, qui est basé à Moscou-Zhukovsky depuis 2016. Il met en ligne trois Boeing 747 Cargo. L'axe du trafic est entre Moscou et l'Extrême Orient.

**S7 Airlines**
Elle fut lancée en 1992 sous le nom de Sibir à Ob, près de Novossibirsk. Elle assura une première liaison internationale entre Novossibirsk et Francfort en 1994. Elle prendra le nom de S7 en 2005. Elle lança une filiale charter en 2008 sous le nom de Globus Airlines. Avec une flotte de près de cent appareils, dont soixante Airbus, elle exploite un certain nombre de lignes en Russie et à l'étranger, en particulier en Europe et en Extrême Orient. L'absorption de sa filiale Globus a eu lieu en 2019. La base principale est Moscou-Domededovo. Pour l'année 2019 la compagnie S7 a transporté 14 millions de voyageurs.

*Tupolev Tu-154M de S7 Airlines*

*Tupolev Tu-154 de S7 Airlines*

**Utair**

C'est une importante compagnie russe qui utilise une cinquantaine d'avions et de nombreux hélicoptères pour les exploitants de sites pétroliers. Elle assure des vols réguliers, en particulier vers ses soixante escales russes et des vols charters vers trente-trois escales étrangères dans dix-sept pays. Sa flotte comprend quarante-cinq Boeing 737, quinze ATR 72-500 et trois Boeing 767. Une de ses principales bases est l'aéroport de Moscou-Vnoukovo.

*ATR 42 de Utair*

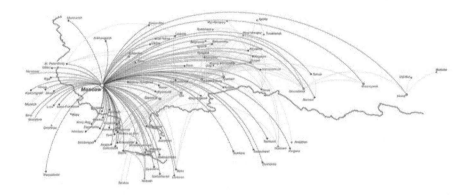

*Réseau de Utair*

*Tupolev Tu-134 de l'Utair*

**Ural Airlines**

Elle avait été créée en 1943, sous le nom de Sverdlovsk State Air Entreprises, puis intégrée à l'Aeroflot. Elle deviendra Ural Airlines en 1993. Sa base principale est à Ekaterinbourg. Elle exploite une cinquantaine d'Airbus, vers cent vingt destinations en Russie, en Europe et au Moyen Orient.

*Tupolev Tu-154 d'Ural Airlines*

Trafic :

| Année | Passagers |
|---|---|
| 2010 | 1 792 000 |
| 2012 | 3 523 000 |
| 2014 | 5 161 000 |
| 2016 | 6 467 000 |
| 2018 | 9 001 000 |

Pour 2019 Ural Airlines a enregistré 9,6 millions de passagers.

**UVT Aero**

Compagnie dont la création date de 2015, avec comme base principale l'aéroport de Kazan. Elle a un réseau assez important dans la partie européenne de la Russie, qui est parcouru par une flotte de sept Bombardier CRJ 100.

**Volga-Dnepr Airlines**

Création en 1990 avec pour base Oulianovsk pour assurer du transport de fret de gros volumes. Elle a collaboré un temps avec la compagnie britannique Air Bridge Carrier. La flotte utilisée comprend douze Antonov

An-124 et cinq Il-76 permettant l'emport de charges lourdes, en particulier pour les forces armées qui louent les avions pour transporter, par exemple, des véhicules militaires, l'Armée française est un client régulier pour le déploiement du matériel militaire en Afrique. Le groupe a une autre compagnie spécialisée dans le transport régulier de fret avec AirBridge Cargo.

*Antonov An-124 de Volga-Dnepr*

**Yakutia Airlines**
Création de Sakta Avia en 1990, en remplacement de la branche locale d'Aeroflot. Après une faillite en 1999, la compagnie sera fusionnée avec Yakutavia en 2002 pour former Yakutia Airlines. Sa base est située à Yakutsk. Elle a quarante destinations qui sont desservis en 2019 par cinq Boeing 737-800, trois Bombardier DHC 8-311, quatre Sukhoi Super 100.

**Yamal Airlines**
La création de la compagnie date de 1997 avec comme base Tyumen. Elle exploite un réseau intérieur russe comprenant environ trente escales. Elle utilise une flotte de onze Airbus 320/321, neuf Bombardier CRJ et quinze Sukhoi Super 100.

# Anciennes compagnies

Pendant trente ans, la création de nombreuses compagnies a développé le marché russe, mais avec des échecs. Ceux-ci venaient d'une gestion souvent hasardeuse, au manque de rigueur dans la maintenance, conséquence d'une expérience insuffisante des équipes, au marketing inadapté aux demandes des passagers, à la cupidité de certains dirigeants. Tout cela a conduit un certain nombre d'aventures aériennes à s'arrêter, laissant les personnels sans emploi et les passagers abandonnés dans les salles d'attente des aéroports mais aussi des dettes importantes. Rappelons ci-après quelques noms.

**AiRUnion**
C'était une entente qui fut mise en pratique par cinq compagnies en 2005. Les partenaires étaient :
- Domodedovo Airlines
- Kras Air
- Omskavia
- Samara Airlines
- Sibaviatrans

La fin fut assez rapide puisqu'en 2008 l'Entente fut liquidée.

**Air Volga**
Elle a existé à partir de 1992, sa constitution s'étant faite à partir de la branche locale d'Aeroflot, avec pour base Volgograd, l'ex Stalingrad. Elle prit le nom Volga Avia Express en 1998, puis fut renommée en novembre 2008 Air Volga. Elle desservait une douzaine d'escales dans cinq pays avec six Bombardier CRJ 100. Elle arrêta ses activités en 2010.

**Ak Bars Aero**
Cette compagnie fut une création en 1993 en partant de la branche d'Aeroflot basée sur l'aéroport de la ville de Bugulma dans le Tartastan. L'objectif était de relier une trentaine d'escales avec une flotte comprenant seize Bombardier CRJ. Elle fut conduite à arrêter ses opérations en janvier 2015.

**Atlant Soyouz Airlines - Moscou Airlines**
La création date de 1993, partant d'une branche de l'Aeroflot, avec la mise en service d'un premier Boeing en 2006. Elle deviendra Moscou Airlines en 2010 et terminera ses activités en 2011. A cette date elle volait vers une douzaine d'escales depuis Moscou-Vnoukovo et disposait d'une flotte de quinze avions dont huit Boeing 737 et cinq Il-86.

**Avianova**
Création le 27 août 2009 d'une compagnie avec pour objectif de proposer des liaisons low cost en Russie depuis l'aéroport de Moscou-Sheremetyevo. Elle disposait d'une flotte de six Airbus 320 pour relier une vingtaine d'escales. Elle arrêta ses activités le 10 octobre 2011, après seulement deux années d'exploitation.

**Dobrojet**
Ce fut une compagnie dont l'existence a été très brève ! Elle commença son activité le 4 octobre 2013 pour terminer en 2014 suite aux événements de Crimée. Ceux-ci impliquèrent des sanctions contre la Russie qui ont eu raison de la vie de l'entreprise. Son l'unique actionnaire était Aeroflot qui, à la demande du pouvoir, avait assuré la création d'une low cost. Elle desservait une dizaine d'escales avec deux Boeing 737-800.

**Dalavia**
La création a eu lieu en 1953, à partir de la branche de l'Aeroflot, sur l'aéroport de Khabarovosk. Son développement fut assez important avec une flotte d'une trentaine d'avions de fabrication soviétique, dont neuf Tu-154, sept An 24, six Il-62, cinq Tu-214, etc... Les appareils reliaient près d'une trentaine d'escales surtout en Sibérie. La gestion ne fut pas à la hauteur des ambitions et, le 27 janvier 2009, ce fut le retrait du certificat d'opérateur et la faillite.

**Domododevo Airlines**
Création le 20 janvier 1993 suite à privatisation partielle d'une branche locale d'Aeroflot. Elle développa son activité surtout vers la Sibérie et l'Asie au départ de l'aéroport de Moscou-Domodedovo. Elle utilisait des appareils de construction soviétique dont cinq Il-96, trois Tu-154, cinq Il-

62. Vers 2005 elle participa à AiRUnion, une alliance avec plusieurs compagnies dont Kras Air. Les opérations ont été suspendues en 2008.

**Donavia**
La création remonte à l'an 2000 avec pour base l'aéroport de Rostov sur le Don. Elle s'impliqua dans la desserte d'un réseau assez important comprenant une vingtaine de destinations avec des Tu-154 et des Airbus 319. En 2016, ce fut la fusion avec Rossiya Airlines.

**Globus Airlines**
Création en 2008 par S7 d'une filiale en charge des vols charters. Elle a été regroupée avec sa maison mère en 2019. Elle disposait de vingt-trois Boeing 737.

**Grozny Avia**
La compagnie fut une création du président de la Tchétchénie le 17 août 2007. Elle se développa avec des vols au départ de Grozny au moyen de six Yak 42. Elle s'implanta aussi à Simferopol en 2014. Les problèmes financiers rattrapèrent les dirigeants et en 2017 la compagnie qui n'avait plus qu'un seul avion perdit sa licence d'exploitation.

**Kavmidvodyava**
La création a eu lieu à Mineralnye Vody près du Caucase. La compagnie desservait une vingtaine d'escales surtout en Russie, avec une dizaine de Tu-154 et Tu-204. Elle a stoppé son activité fin 2011.

**Kogalymavia Airlines (opérant sous le nom de Metrojet)**
Elle a exploité des vols charters de 1993 à 2016 depuis sa base de Kogalym dans la région de Tyumen à 2 000 km à l'est de Moscou. Elle exploita des Airbus 320 et Airbus 321 dont un a disparu au-dessus du Sinaï en 2016 faisant 224 victimes, conduisant à l'arrêt de la compagnie.

**Kras Air**
C'est en 1993 que la compagnie est apparue sur le marché avec pour base Krasnoyarsk. Elle avait regroupé différents transporteurs sous la marque AiRUnion pour conforter son développement en 2005. Elle tentera de

reprendre la compagnie hongroise Malev en 2005, sans succès. Ne pouvant faire face à ses dettes, Kras Air stoppa ses activités en août 2008. A son arrêt elle n'avait plus en service que six Boeing 737 / 757 / 767.

**Kuban Airlines**
Création en 1992 avec comme base Krasnodar. Elle desservait une quinzaine d'escales avec une flotte trois Airbus 319 et quatre Boeing 737. En 2011, elle avait été fusionnée avec Sky Express. Les opérations ont été suspendues en 2012.

**Omskavia**
Création en 1994 et cessation des activités en octobre 2008. Avant de cesser les vols, la compagnie utilisait trois Tu-154M. Le réseau comportait sept lignes régulières et des vols charters.

**Orenburg Airlines**
Création en 1992 en partant de la branche locale d'Aeroflot. Elle avait deux bases Orenburg et Moscou-Domodedovo. Sa flotte était relativement importante avec vingt-trois Boeing 737 et Boeing 777 pour relier quarante-huit destinations dont sept régulières.

**Samara Airlines**
Création en 1992 sur l'aéroport de Samara et cessation des vols en 2008. Elle desservait une trentaine de destinations avec une flotte de vingt-quatre avions de construction soviétique. Elle avait des lignes régulières en Russie et des charters vers les grands lieux touristiques.

**Saratov Airlines**
La création date de 1931 et devint une branche d'Aeroflot. Elle sera appelée Saravia jusqu'en 2013 puis dénommée Saratov Airlines. Elle rencontra des problèmes avec les autorités suite à une maintenance déficiente. Elle sera forcée à arrêter les opérations au début 2018. A ce moment elle exploitait un réseau de vingt escales en Russie plus l'Arménie et la Géorgie. Elle disposait d'une flotte de quatre An 148, deux Embraer 195 et cinq Yak 42.

### Sibaviatrans
La compagnie était basée à Krasnoyarsk lors de sa création le 23 février 1995. Elle assurait des vols vers une trentaine d'escales en Russie, au moyen d'une flotte d'une quinzaine d'appareils d'origine soviétique. Elle stoppa ses activités avec la fin de l'entente AiRUnion en septembre 2008.

### Shark Ink
C'était une compagnie charter pour le transport de fret qui a commencé ses activités en 1992 et cessa ses vols en 2019. Elle proposait quatre An 74 et un Il-76 pour assurer ses vols. Elle fut un temps basée sur l'aéroport de Moscou-Ostafeyvo, le fief du groupe Gazprom.

### Sky Express
Ce fut une compagnie, qui avait pour objectif le marché low cost, dont la création eut lieu le 29 janvier 2007 avec comme base Moscou-Vnoukovo. Elle a relié une douzaine d'escales en Russie avec trois Airbus 319 et quatre Boeing 737 qui venait de Kuban Airlines. Elle stoppa ses activités le 29 octobre 2011.

### Tatarstan Airlines
Fondation en 1993 et premier vol en 1995 depuis sa base de Kazan. La compagnie a assuré un certain nombre lignes régulières vers une quinzaine d'escales y compris à l'étranger comme Istanbul, Prague et Tel Aviv. Elle utilisait une flotte d'avions un peu disparate comprenant quatre Airbus 319, un Boeing 737, deux Tu-154 et deux Yak 42. Suite à un accident en novembre 2013, la licence d'exploitation a été révoquée. La flotte a été transférée à Ak Bars Aero.

*Ilyushin Il-86 de Tatarstan Airlines*

*Tupolev Tu-134 de Tatarstan Airlines*

*Yak-42 de Tatarstan Airlines*

**Transaero**
La création a eu lieu en 1991 pour la première compagnie aérienne russe à recevoir des Boeing en 1993. Elle desservait près de deux cents lignes, avec une centaine d'avions, aussi bien en Russie que sur un réseau international important, allant de l'Amérique du Nord et Centrale, à l'Asie, le Moyen Orient. Avec les problèmes que rencontra la Russie en 2014, l'économie a beaucoup souffert et Transaéro a été mise en difficultés, tout en ayant commandé des Airbus 380 ! Un rapprochement avec Aeroflot avait été étudié à la fin de 2015, mais sans succès et les opérations ont été suspendues. Au moment d'arrêter son exploitation elle avait une importante flotte comprenant quarante-huit Boeing 737, quinze Boeing 747, seize Boeing 767, douze Boeing 777, trois Airbus 321 et deux Tupolev 214.

*Boeing 747-400 de Transaero Airlines*

**Vladivostok Airlines**
Création en 1993 en partant de l'activité régionale d'Aeroflot. Durant son développement elle a utilisé une flotte de six Airbus 320 et neuf Yak 40. Elle a été reprise en 2011 par Aeroflot.

**Vnoukovo Airlines**
Création en 1993 avec pour base l'aéroport de Moscou-Vnoukovo. Ce fut un gros exploitant de vols charters en étant présent dans une centaine de destinations. La flotte était d'origine soviétique avec dix-huit Il-86 et seize Tu-154. La cessation des activités eut lieu en 2001.

**VIM Airlines**
Ce fut le projet de Viktor Ivanovitch Merkulov en 2000. La compagnie avait un certain nombre de destinations en Russie, en Europe, en Asie Centrale, etc... Suite à des errements financiers elle a été mise en faillite en octobre 2017. Elle exploitait alors deux Airbus 319, deux Airbus 330-200, deux Boeing 737-500, quatre Boeing 757, un Boeing 767 et onze Boeing 777.

# Les aéroports

Les distances sont considérables entre les villes de Russie. Le Transsibérien met huit jours pour relier Moscou à Vladivostok, l'avion moins de dix heures, sur une distance qui est supérieure à Paris-New York. Un réseau important d'aéroports s'est constitué, notamment en partant des installations mises en place par l'Armée, dont le rôle était fondamental dans la politique de l'URSS. La transformation de ces plateformes en installations civiles pour aider au développement du trafic aérien, a ouvert celui-ci à de nombreuses cités. Le trafic reste encore assez modeste, à part les aéroports moscovites. La population de la Russie n'est pas considérable avec un total de 146 millions d'habitants, en comparaison de la superficie et l'essentiel de la population vit dans la Russie d'Europe.

Il y a une trentaine d'aéroports dont le trafic est supérieur à un million de passagers, chiffre qui est généralement considéré comme le seuil de rentabilité d'une plateforme aéroportuaire. Beaucoup d'aéroports enregistrent un grand nombre de vols charters vers les destinations du soleil, au bénéfice des habitants qui sont privés de chaleur une grande partie de l'année. Ils privilégient l'Egypte, la Grèce, la Turquie, l'Espagne, Israël, etc… Les périodes de grand froid que connaissent les habitants de Sibérie les poussent à profiter du soleil et de la chaleur dès que possible. Il est à craindre que la crise du coronavirus puisse avoir des conséquences sur le pouvoir d'achat, conduisant à une forte diminution des vols loisirs pendant plusieurs années.

Statistiques concernant le trafic des principaux aéroports de Russie :

**En 2013 :**

| Rang | Aéroports | Passagers |
|---|---|---|
| 1 | Moscou-Domodedovo | 30 760 000 |
| 2 | Moscou-Cheremetievo | 29 256 000 |
| 3 | Saint Petersburg | 12 854 000 |
| 4 | Moscou-Vnoukovo | 11 875 000 |
| 5 | Iekaterinbourg-Koltsovo | 4 293 000 |
| 6 | Novossibirsik-Tolmatechev | 3 748 000 |
| 7 | Krasnodar | 2 853 000 |
| 8 | Sotchi | 2 427 000 |
| 9 | Ufa | 2 218 000 |
| 10 | Rostov sur le Don | 2 190 000 |

**En 2019 :**

| Rang | Aéroports | Passagers |
|---|---|---|
| 1 | Moscou-Cheremetievo | 49 438 000 |
| 2 | Moscou-Domodedovo | 28 252 000 |
| 3 | Moscou-Vnoukovo | 24 001 000 |
| 4 | Saint Petersburg-Pulkovo | 19 581 000 |
| 5 | Sotchi | 6 760 000 |
| 6 | Novossibirsik-Tolmatechev | 6 571 000 |
| 7 | Iekaterinbourg-Koltsovo | 6 282 000 |
| 8 | Simferopol | 5 140 000 |
| 9 | Krasnodar | 4 630 000 |
| 10 | Ufa | 3 556 000 |

L'essentiel du trafic se trouve sur les quatre aéroports de Moscou, avec plus de cent millions de voyageurs qui reçoivent des vols venant de nombreuses villes russes, des anciens pays satellites et les liaisons avec des villes du monde entier. Il est à remarquer que les pistes utilisées dépassent assez souvent les 3 000 m en raison de l'utilisation initiale ou possible par des bombardiers.

Les principaux aéroports russes :

**Anadyr**

Cette ville située à l'extrémité de la Sibérie, proche du détroit de Béring, est à 6 200 km de Moscou. C'est un port important mais avec une population faible avec seulement 15 000 habitants. La création remonte à 1889. L'aéroport Ulgony date de 1950. Initialement, il servait de base pour les bombardiers stratégiques. Son usage est maintenant mixte civil et militaire. C'est un aéroport de secours bien équipé pour recevoir les long-courriers qui ont un problème de déroutement pendant le survol du Pacifique. C'est la base de la compagnie Chukotavia qui dessert différentes escales à proximité avec une dizaine d'appareils. Le trafic en 2018 a été de 102 000 passagers. Des vols charters sont proposés vers l'Alaska. Il dispose d'une piste de 3 500 m de longueur.

**Anapa**

Ville connue sous l'Antiquité comme port, elle est située au bord de mer Noire, à 130 km de Krasnodar. Sa population est d'environ 65 000 habitants. La ville moderne date de 1781. Elle fut détruite pendant la Seconde Guerre mondiale après une occupation pendant plus d'un an. C'est une station balnéaire réputée qui attire de très nombreux touristes surtout russes. Sur l'aéroport de Vityazevo, les premiers vols ont eu lieu en 1934 vers Krasnodar et de développement a été assuré par la construction d'une base aérienne. Une quinzaine de compagnies se pose à Anapa où une nouvelle aérogare a été inaugurée en 2017. La gestion de l'aéroport est assurée par Basel Aero.

Trafic :

| Année | Passagers |
|---|---|
| 2010 | nc |
| 2012 | 587 000 |
| 2014 | 1 179 000 |
| 2016 | 1 362 000 |
| 2018 | 1 487 000 |

Le trafic en 2019 a été de 1 643 000 passagers. Il est doté d'une piste de 2 500 m de longueur.

**Arkhangelsk**
Cette ville de 350 000 habitants est située à l'embouchure de la Dvina, à vingt-cinq km de la mer Blanche et à 750 km au nord de Saint Petersburg. Ce fut pendant la Seconde Guerre mondiale un des points d'arrivée des convois alliés venant ravitailler l'URSS. L'aéroport de Talagi est situé à onze km de la ville et fut construit en 1942, pour protéger la ville de l'avance des troupes allemandes. Il devint mixte en 1963, le resta jusqu'en 1998. Une dizaine de compagnies s'y posent.

Trafic :

| Année | Passagers |
|---|---|
| 2010 | nc |
| 2012 | 703 000 |
| 2014 | 798 000 |
| 2016 | 734 000 |
| 2018 | 942 000 |

Le trafic en 2019 a été 922 000 passagers. Il dispose d'une piste de 2500 m.

**Astrakhan**
Cette ville très connue est à 1 270 km au sud-est de Moscou, pratiquement à l'embouchure de la Volga dans la mer Caspienne. Située sur l'ancienne route de la soie, elle est russe depuis 1556. Sa population est de 550 000 habitants. Elle est surnommée « capitale mondiale du caviar » ! L'aéroport qui porte le nom de Narimanovo est à onze km de la ville a été renommé en 2018 Boris Kostodiev du nom d'un peintre russe. Il reçoit les vols de neuf compagnies.

Trafic :

| Année | Passagers |
|---|---|
| 2010 | nc |
| 2012 | 328 000 |
| 2014 | 434 000 |
| 2016 | 525 000 |
| 2018 | 597 000 |

Il a été fréquenté en 2019 par 672 000 passagers et dispose d'une piste de 2500 m.

## Blagovechtchensk

C'est une ville située à 8 000 km de Moscou, sur la rive gauche du fleuve Amour, à la frontière avec la Chine, face à la ville de Heine. Sa fondation remonte à 1856 comme poste militaire. La population est de 225 000 habitants. Elle a une forte communauté chinoise. L'aéroport, qui porte le nom d'Ignatyevo, est situé à vingt km du centre, date de 1959 avec une modernisation importante en 2000. Il est mixte pour son utilisation avec les militaires. Il accueille les vols d'une dizaine de transporteurs.

Trafic :

| Année | Passagers |
|---|---|
| 2010 | nc |
| 2012 | 241 000 |
| 2014 | 318 000 |
| 2016 | 323 000 |
| 2018 | 412 000 |

En 2019, le nombre de 552 000 voyageurs a été enregistré. Il dispose d'une piste de 2 800 m.

## Belgorod

L'histoire de la ville remonte à 1596, dont la création a été décidée par Boris Godounov. Elle est située à 580 km au sud de Moscou, à 30 km de la frontière avec l'Ukraine. Belgorod fut occupée par les allemands du mois d'octobre 1941 jusqu'au mois d'août 1943. La population est d'environ

380 000 habitants. L'aéroport date de 1954 avec une utilisation initiale par les militaires. Une piste fut mise en service en 1969 et les premiers avions à réaction furent utilisés en 1975. Il est desservi par six compagnies.

Trafic :

| Année | Passagers |
|-------|-----------|
| 2010  | nc        |
| 2012  | 198 000   |
| 2014  | 396 000   |
| 2016  | 346 000   |
| 2018  | 455 000   |

En 2019, le nombre de 468 000 voyageurs a été enregistré. Il dispose de deux pistes de 2 500 m de longueur.

**Chelyabinsk**
C'est une ville importante, au pied de l'Oural, dont la fondation remonte à 1731 avec une forteresse nommée Tcheliaba, la ville se développant à partir de 1781. Elle est située à 1 500 km à l'est de Moscou et 200 km de la ville d'Iekaterinbourg. La population est de 1 200 000 habitants. Pendant la Seconde Guerre mondiale, plusieurs grandes entreprises y furent transférées, comme Kirov. L'aéroport Balandino est à dix-huit km du centre-ville. Il a remplacé le terrain de Shagal qui est resté uniquement militaire à partir de 1953. Une piste en dur a été mise en service en 1962. Il reçoit les vols de douze transporteurs.

Trafic :

| Année | Passagers |
|-------|-----------|
| 2010  | nc        |
| 2012  | 1 000 000 |
| 2014  | 1 239 000 |
| 2016  | 1 225 000 |
| 2018  | 1 640 000 |

En 2019, le nombre de 1 713 000 voyageurs a été enregistré. Il dispose d'une piste de 3 200 m de longueur.

**Iekaterinbourg**

C'est la quatrième ville de Russie avec une population de 1 500 000 habitants. Sa création remonte à 1723 et porte le nom de la femme de Pierre le Grand, Catherine. C'est à Iekaterinbourg que l'empereur Nicolas II fut assassiné avec sa famille le 17 juillet 1918. La ville est devenue un centre économique très important car la ville, à proximité de l'Oural, est la porte de la Sibérie. La création de l'aéroport de Koltsovo, qui est implanté à dix-huit km de la ville, remonte à 1928 pour une utilisation par l'armée. Le lendemain du début de la guerre, en juin 1941, la décision fut prise construire une piste en dur. En 1943, l'aéroport fut le premier dans le pays à avoir un statut mixte militaire et civil. Il reçoit les vols de vingt-sept compagnies pour les passagers et deux pour le fret. Les premiers vols internationaux furent assurés comme escale sur la ligne Moscou-Pékin.

*Aéroport de Iekaterinbourg*

Trafic :

| Année | Passagers | Fret (en tonnes) |
|---|---|---|
| 2000 | 930 000 | 18 000 |
| 2005 | 1 566 000 | 15 545 |
| 2010 | 2 748 000 | 22 946 |
| 2015 | 4 247 000 | 22 631 |
| 2018 | 6 103 000 | 24 000 |

En 2019, le nombre de 6 232 000 voyageurs a été enregistré et 25 000 tonnes de fret. Les principales destinations sont : Moscou, Saint Petersburg, Novossibirsk, Sotchi, Simferopol. Il dispose de deux pistes de 3 000 m.

**Irkutsk**

C'est une grande ville de Sibérie avec 600 000 habitants dont l'origine remonte à 1652. Elle est située sur la rivière Angora, à 850 km de Krasnoyard et 500 km de la ville d'Oulan-Bator en Mongolie. Elle est proche du lac Baïkal. C'est la ville natale du célèbre danseur Rudolph Noureev. L'aéroport a eu des vols de démonstration en 1925, puis en 1928 un premier vol postal. A partir de 1948 des vols pour Moscou ont été assurés. L'aéroport est desservi par vingt-cinq compagnies pour les passagers et deux pour le fret.

Trafic :

| Année | Passagers |
|---|---|
| 2010 | 1 079 000 |
| 2012 | 747 000 |
| 2014 | 1 721 000 |
| 2016 | 1 708 000 |
| 2018 | 2 181 000 |

Le trafic pour 2019 a été de 2 433 000 passagers. Il dispose d'une piste de 3 500 m de longueur. Les principales destinations au départ d'Irkutsk :

| Villes | Passagers |
|---|---|
| Moscou | 615 000 |
| Novossibirsk | 140 000 |
| Bangkok | 125 000 |
| Pékin | 106 000 |
| Khabarovsk | 76 000 |

Irkutsk-Northwest

C'est le deuxième aéroport de la ville, situé à onze km. Il a été développé pour la production aéronautique et sert d'aéroport de déroutement lorsque la météo est mauvaise sur le terrain principal. Il dispose d'une piste de 2 500 m de longueur.

**Kaliningrad**
La ville est l'ancienne Königsberg en Prusse Orientale. Elle est située dans une enclave russe entre la Pologne et la Lituanie. C'est un port relié à la mer Baltique par un canal de plus de quarante km. La ville compte 440 000 habitants. L'aéroport de Krabovo, est situé à vingt-quatre km du centre. En 1922 les premiers vols eurent lieu par la compagnie Deruluft. L'activité a été militaire entre 1941et 1945, redevint civil en 1945 avec une utilisation également par les militaires. Une nouvelle aérogare fut construite en 1979 et pour la Coupe du monde de football une aérogare moderne a été inaugurée en 2017. Il est desservi par dix-huit compagnies. L'année 2018 a été marquée par la Coupe du monde football, la FIFA avait organisé des matchs à Kaliningrad, ce qui a conduit à une belle progression du nombre de voyageurs.

Trafic :

| Année | Passagers |
|---|---|
| 2010 | 1 024 000 |
| 2012 | 1 188 000 |
| 2014 | 1 460 000 |
| 2016 | 1 570 000 |
| 2018 | 2 149 000 |

En 2019, le nombre de 2 370 000 voyageurs a été enregistré. Il dispose d'une piste de 2 500 m de longueur.

**Kazan**
C'est la capitale de la république des Tatares, la sixième ville de Russie avec une population de 1 250 000 habitants. Kazan est située au confluent de la Volga et de la Kazaka, à 700 km au sud-est de Moscou. Elle fut prise en 1552 par Ivan le Terrible. Son aéroport a pris le nom en 2019 de Gabdulla Tuqais qui était un poète tatare mort en 1913. Il est situé à vingt-cinq km au sud-ouest du centre-ville. Il a été inauguré en 1984, après la fermeture de l'ancien aéroport, puis est devenu international en 1985. En 1991 pour améliorer la fréquentation, la compagnie Tatarstan Airlines a ouvert des liaisons. La première ligne internationale vers Istanbul fut

ouverte le 26 octobre 1992. Une trentaine de transporteurs desservent la plateforme.

Trafic :

| Année | Passagers |
|---|---|
| 2010 | 958 000 |
| 2012 | 1 487 000 |
| 2014 | 1 942 000 |
| 2016 | 1 923 000 |
| 2018 | 3 141 000 |

En 2019, le nombre de 3 470 000 voyageurs a été enregistré. Il dispose de deux pistes de 2 500 et 3 700 m.

**Khabarovsk**
C'est la plus grande ville de l'Extrême-Orient russe avec 620 000 habitants. Sa fondation remonte à 1858 et son développement fut favorisé avec l'arrivée du Transsibérien en 1905. Elle est à 6 150 km de Moscou et seulement à 30 km de la frontière avec la Chine. Aéroport Khabarovsk Novy est distant de dix km du centre-ville. Il fut ouvert en 1931 et inauguré après les travaux en 1938. Une piste en dur fut construite en 1953. Un nouveau terminal a été mis en service en 2019. Il est desservi par quinze compagnies dont deux spécialistes du fret.

Trafic :

| Année | Passagers |
|---|---|
| 2010 | 1 464 000 |
| 2012 | 1 883 000 |
| 2014 | 2 038 000 |
| 2016 | 1 869 000 |
| 2018 | 2 134 000 |

En 2019 le nombre de 2 185 000 voyageurs a été enregistré. Il dispose de deux pistes de 3 500 et 4 000 m.

**Krasnoyask**

C'est la troisième ville de Sibérie en bordure du fleuve Ienisseï avec une population de 1 070 000 habitants. Elle est située à 3 360 km de Moscou et 640 km de Novossibirsk. Sa création remonte à 1628. Elle s'est beaucoup développée avec l'arrivée du Transsibérien en 1895. Sous le régime impérial la ville était un lieu de relégation et, sous le régime soviétique, un centre important pour les victimes du Goulag… L'Aéroport Lenélianovo a été construit à partir de 1970 et mis en service en 1980. Il a la particularité d'être en bordure d'un autre aéroport Cheremshanka qui traite surtout les vols d'avions légers. Il est situé à vingt-sept km au nord-ouest de la ville. Il est desservi par vingt-trois transporteurs pour les passagers et trois pour le fret qui représente un trafic de 17 000 tonnes par an.

Trafic :

| Année | Passagers |
|---|---|
| 2010 | 1 275 000 |
| 2012 | 1 900 000 |
| 2014 | 2 066 000 |
| 2016 | 1 804 000 |
| 2018 | 2 587 000 |

En 2019 le nombre de 2 481 000 voyageurs a été enregistré. L'aéroport dispose d'une piste de 3 700 m de longueur.

**Krasnodar**

C'est une ville importante à proximité de la mer Noire, sur la rivière Kouban, à 1 200 km au sud de Moscou avec une population de 900 000 habitants. Elle fut fondée en 1794, en particulier par les cosaques du Don. Elle a pris son nom actuel le 7 décembre 1920. Elle fut occupée par les forces allemandes du mois d'août 1942 à février 1943, avec de douloureuses conséquences pour la population et le patrimoine. L'aéroport Pashkovsky a pris le nom de Catherine la Grande en 2019. Son histoire remonte à 1953 et une piste en dur avait été mise en service en 1960. Il reçoit les vols de vingt-neuf compagnies et sa gestion a été confiée à Basel Aero comme plusieurs aéroports de Russie.

Trafic :

| Année | Passagers |
|---|---|
| 2010 | 2 086 000 |
| 2012 | 2 599 000 |
| 2014 | 3 421 000 |
| 2016 | 3 002 000 |
| 2018 | 4 173 000 |

En 2019, le nombre de 4 630 000 voyageurs a été enregistré. L'aéroport est doté de trois pistes parallèles de 2 200 à 3 000 m de longueur.

**Magadan**
Cette ville est un port situé sur la côte Pacifique, en bordure de la mer Okhotsk, à 6 000 km à l'est de Moscou. Sa construction date de 1929 et la région fut un sinistre lieu pour les victimes du Goulag. La ville compte 100 000 habitants. L'aéroport de Sokol est situé à cinquante km de la ville, ses débuts remontent aux années 1960. En 1992 des vols furent inaugurés par Alaska Airlines puis Aeroflot vers les USA. Il est desservi par neuf compagnies.

Trafic :

| Année | Passagers |
|---|---|
| 2010 | nc |
| 2012 | 325 000 |
| 2014 | 350 000 |
| 2016 | 349 000 |
| 2018 | 387 000 |

En 2019 le nombre de 425 000 voyageurs a été enregistré. Il dispose d'une piste de 3 400 m de longueur.

**Makhachkala**
C'est la capitale du Daghestan, sur la rive ouest de la mer Caspienne, à 1 600 km au sud-est de Moscou. La population est de 600 000 habitants et la ville moderne date de 1844. Elle a pris son nom actuel en 1921. L'aéroport Uytash porte le nom de Sultan Amet Khan, un pilote héros de la

Seconde Guerre mondiale. Il reçoit les vols d'une douzaine de transporteurs.

Trafic :

| Année | Passagers |
|---|---|
| 2010 | nc |
| 2012 | 423 000 |
| 2014 | 438 000 |
| 2016 | 870 000 |
| 2018 | 1 290 000 |

En 2019, le nombre de 1 501 000 voyageurs a été enregistré. Il est doté d'une piste de 2 600 m de longueur.

**Mineralnye Vody**
C'est une ville de 75 000 habitants dont la création remonte à 1878 à l'occasion de la construction de la ligne ferroviaire entre Moscou et Rostov sur le Don. C'est une station thermale. L'aéroport est situé à quatre km de la ville et reçoit les vols de vingt-deux compagnies.

Trafic :

| Année | Passagers |
|---|---|
| 2010 | 880 000 |
| 2012 | 1 279 000 |
| 2014 | 1 921 000 |
| 2016 | 1 731 000 |
| 2018 | 2 408 000 |

En 2019, le nombre de 2 526 000 voyageurs a été enregistré. La gestion est assurée par Novapport. Il dispose d'une piste de 3 900 m de long.

**Moscou**
L'histoire de la capitale de la Russie remonte à 1147, un premier fort étant construit en 1156. En 1703, le tsar Pierre le Grand décida que la capitale serait transférée à Saint Petersburg. En 1812, Napoléon occupa la ville pendant une courte période avant la terrible retraite. En janvier 1918,

Moscou redevint la capitale de la Russie. En 1941, les troupes d'Hitler ont été stoppées à proximité de la ville. La population est de treize millions d'habitants. C'est le centre de toutes les communications aussi bien routières, ferroviaires et aériennes.

Jusqu'à 1950 les vols étaient limités à l'intérieur de l'URSS et vers les pays sous domination soviétique. Avec la chute de l'URSS et l'ouverture du pays à l'économie de marché, les échanges se sont considérablement accrus, en particulier les voyages aériens. Plus récemment, le trafic a connu des variations avec une certaine stagnation après les sanctions prises par de nombreux pays suite aux évènements en Ukraine. Mais les aéroports moscovites ont bénéficié de la forte participation de nombreux visiteurs à l'occasion des JO de 2014 et des supporters venus en nombre pour le Mondial de football de 2018. En 2019 le trafic total des quatre aéroports moscovites a été de 102 millions de passagers.

Bykovo
Cet aérodrome a été fermé en 2010.

Cheremetievo-Alexandre Pouchkine
Cet aéroport est situé à trente km et porte le nom du grand poète russe. Sa mise en service date du 11 août 1959. Le premier vol international a eu lieu le 1$^{er}$ juin 1960 vers Berlin. Il est doté de deux aérogares Cheremetievo 1 ouvert en 1964 et Cheremetievo 2 inauguré en 1980. Le trafic est assuré par quarante compagnies reliant deux cents escales.

*Aéroport Cheremetievo-Alexandre Pouchkine de Moscou*

Trafic :

| Année | Passagers |
|-------|-----------|
| 2010  | 19 123 000 |
| 2012  | 26 188 000 |
| 2014  | 31 279 000 |
| 2016  | 36 679 000 |
| 2018  | 45 348 000 |

Pour l'année 2019 le nombre de passagers a été de 49 438 000. L'aéroport dispose de trois pistes de 3 500 à 3 700 m.

Chkalouskol
C'est un aéroport militaire situé à trente km à l'est de Moscou.

Domodedovo
Cet aéroport est situé à quarante km au sud de Moscou et a été inauguré en mai 1965. Il avait pour mission de traiter les vols intérieurs long-courriers. En 1975, l'aéroport a servi d'escale au Tu-144, le quadriréacteur supersonique qui reliait Moscou et Alma Ata. Le trafic est d'environ trente millions de voyageurs pour soixante compagnies desservant 250 escales. Le plus grand utilisateur est la compagnie S7 Airlines qui relie la plateforme à plus de soixante villes.

Trafic :

| Année | Passagers |
|---|---|
| 2010 | 22 253 000 |
| 2012 | 28 165 000 |
| 2014 | 33 059 000 |
| 2016 | 28 537 000 |
| 2018 | 29 403 000 |

Pour l'année 2019 le nombre de passagers a été de 28 252 000. L'aéroport a trois pistes parallèles de 2 600 à 3 700 m de longueur.

Khodynka
Ce fut en 1910 le premier aérodrome de Moscou. Il était situé à sept km au nord-ouest du centre. Un vol international eut lieu le 15 juillet 1923 entre Moscou, Königsberg et Berlin. Il tint ce rôle jusqu'en 1941 avec l'ouverture de Vnoukovo. L'aéroport a été fermé définitivement en 2003.

Ostafyevo
Cet aéroport situé à quatorze km au sud de Moscou, appartient au ministère de la Défense, mais depuis l'an 2000 reçoit des vols privés, c'est aussi la base de la compagnie Gazprom Avia.

Vnoukovo
C'est le plus ancien aéroport de Moscou en service. La décision de sa construction a été prise en 1937 avec une inauguration en juillet 1941. L'utilisation sera initialement militaire, puis civile avec la fin de la guerre. Le trafic est assuré par trente-cinq compagnies desservant 190 escales. Le principal utilisateur est UTAir qui relie cet aéroport à une cinquantaine d'escales, principalement en Russie.

Trafic :

| Année | Passagers |
|---|---|
| 2010 | 9 460 000 |
| 2012 | 9 699 000 |
| 2014 | 12 733 000 |
| 2016 | 14 012 000 |
| 2018 | 21 478 000 |

Pour l'année 2019 le nombre de passagers a été de 24 000 000. Il dispose de deux pistes de 3 000 m.

Zhukovsky
Il portait initialement le nom de Ramenskoïe. Il est situé à trente-six km au sud-est de Moscou. Il a été mis en service en 2016 ayant été précédemment une base militaire. L'aéroport est une escale pour neuf compagnies en 2019. Le principal utilisateur est Ural Airlines qui relie une vingtaine de destinations.

Trafic :

| Année | Passagers |
|---|---|
| 2010 | nc |
| 2012 | nc |
| 2014 | nc |
| 2016 | nc |
| 2018 | 1 161 000 |

Pour l'année 2019 le nombre de passagers a été 1 320 000. Il dispose de trois pistes dont une de 5 400 m de longueur !

**Mourmansk**
L'origine de la ville est récente. Les premières installations datent de 1912 et l'inauguration du 4 octobre 1916. C'est un grand port sur la mer de Barents, qui est toujours ouvert au trafic n'étant pas pris par les glaces. Il fut un lien important pendant la Seconde Guerre mondiale pour l'approvisionnement des forces militaires par les convois venant surtout des Etats-Unis. La ville a une population de 300 000 habitants. L'aéroport est

situé à vingt-quatre km de la ville et a pris en 2019, par une ironie de l'Histoire, le nom de Nicolas II, le tsar assassiné sur ordre de Lénine le 17 juillet 1918 ! Onze compagnies se posent régulièrement à Mourmansk.

Trafic :

| Année | Passagers |
|---|---|
| 2010 | nc |
| 2012 | 545 000 |
| 2014 | 667 000 |
| 2016 | 763 000 |
| 2018 | 938 000 |

En 2019, le nombre de 1 029 000 voyageurs a été enregistré. Il dispose d'une piste de 2 500 m de longueur.

**Naberezhnye Chelny**
Cette ville industrielle du Tatarstan existe depuis 1172. Elle est située à 210 km à l'est de Kazan et 930 de Moscou. Elle porta le nom de Brejnev de 1982 à 1988. Elle est habitée par 535 000 habitants. Aéroport Begishevo a été construit à partir de 1970 et reçoit les vols d'une dizaine de compagnies.

Trafic :

| Année | Passagers |
|---|---|
| 2010 | 294 000 |
| 2012 | 332 000 |
| 2014 | 367 000 |
| 2016 | 380 000 |
| 2018 | 777 000 |

En 2019, le nombre de 782 000 voyageurs a été enregistré. Il dispose d'une piste de 2 500 m de longueur.

**Nizhny Novogorod**
C'est une ville qui a été fondée en 1121 et qui porta le nom de Gorki entre 1932 et 1990. Elle est au confluent de la Volga et de l'Oka. Sa position est à 400 km au nord-est de Moscou et 330 km au nord-ouest de Kazan. La

population est de 1 280 000 habitants. L'aéroport porte le nom de Strigino. Son histoire remonte à 1923, avec quelques démonstrations, des vols réguliers en 1937. Onze compagnies assurent des vols au départ de la ville.

Trafic :

| Année | Passagers |
|---|---|
| 2010 | nc |
| 2012 | 747 000 |
| 2014 | 1 151 000 |
| 2016 | 779 000 |
| 2018 | 1 134 000 |

Pour l'année 2019, le chiffre de passagers a été de 1 114 000. Il dispose de deux pistes de 2 350 et 2800 m de longueur.

**Novossibirsk**

C'est la troisième ville de Russie avec une population de 1 600 000 habitants. Elle est implantée depuis 1893, date de sa création lors de la construction du pont sur l'Ob pour le Transsibérien. Elle est située à 2 800 km à l'est de Moscou. L'aéroport qui porte le nom de Tolmachevo est situé à seize km du centre-ville. Il a été ouvert le 12 juillet 1957 avec l'arrivée d'un Tu-104 en provenance de Moscou. Il reçoit les vols de trente compagnies pour les passagers et six pour le fret. C'est le sixième de Russie pour le trafic des passagers.

*Aéroport de Novossibirsk- Tolmachevo*

Trafic :

| Année | Passagers |
|---|---|
| 2010 | 2 261 000 |
| 2012 | 3 266 000 |
| 2014 | 3 957 000 |
| 2016 | 4 097 000 |
| 2018 | 5 909 000 |

En 2019, le nombre de 6 571 000 voyageurs a été enregistré ainsi que 34 000 tonnes de fret.

Principales destinations au départ de Novossibirsk :

| Villes | Passagers |
|---|---|
| Moscou | 1 600 000 |
| Bangkok | 350 000 |
| Saint Petersburg | 300 000 |
| Antalya | 280 000 |
| Khabarovsk | 220 000 |

Il dispose de deux pistes de 3 600 m.

**Novy Urengary**

C'est une ville nouvelle, datant de 1980, qui s'est développée en raison d'un très important gisement pétrolier dans la grande plaine de Sibérie occidentale. Elle est située à 2 350 km à l'est de Moscou. Les températures descendent facilement à -30°. La population est d'environ 120 000 habitants. L'aéroport reçoit les vols de sept compagnies.

Trafic :

| Année | passagers |
|---|---|
| 2010 | nc |
| 2012 | 637 000 |
| 2014 | 815 000 |
| 2016 | 899 000 |
| 2018 | 972 000 |

En 2019, le nombre de 973 000 voyageurs a été enregistré. Il dispose d'une piste de 2 550 m de longueur

**Omsk**

La ville a une population de 1 180 000 habitants ce qui en fait la 9eme ville de Russie. Son origine remonte à 1716 avec la construction d'un fort. Elle connaitra un grand développement à partir de 1894 avec l'arrivée du Transsibérien. Elle localisée au sud-ouest de la Sibérie à 2 250 km de Moscou. Son aéroport porte le nom de Tsentralny et se trouve à cinq km de la ville. Il reçoit les vols de quinze compagnies.

Trafic :

| Année | Passagers |
|---|---|
| 2010 | nc |
| 2012 | 772 000 |
| 2014 | 1 044 000 |
| 2016 | 830 000 |
| 2018 | 1 088 000 |

En 2019, le nombre de 1 348 000 voyageurs a été enregistré. Il dispose de deux pistes de 2 500/2 800 m de longueur.

**Orenburg**

Cette ville de 565 000 habitants, située au pied de l'Oural, proche du Kazakhstan est à 1 400 km de Moscou et 370 km au sud-est de Samara. Sa création date de 1743. L'Aéroport Tsentralny est à vingt-cinq km à l'est de la ville. Il est desservi par sept compagnies.

Trafic :

| Année | Passagers |
|---|---|
| 2010 | nc |
| 2012 | 464 000 |
| 2014 | 661 000 |
| 2016 | 487 000 |
| 2018 | 792 000 |

En 2019, le nombre de 783 000 voyageurs a été enregistré. Il est doté d'une piste de 2 500 m de longueur.

**Oufa (ou Ufa)**
La ville est située au sud-ouest de l'Oural, à 1 200 km de Moscou. Elle a une population de 1 110 000 habitants et son origine remonte à Ivan le terrible qui y fit construire un fort. Son développement moderne a été le résultat de l'arrivée du chemin de fer entre 1888 et 1892. L'aéroport, qui est un des principaux de Russie, commença simplement en 1924. Une première ligne fut ouverte en 1933. Il faudra attendre 1962 pour que l'aéroport bénéficie d'installations modernisées, permettant au trafic civil de prendre sa place. L'aéroport est relié par vingt-cinq compagnies.

Trafic :

| Année | Passagers |
|---|---|
| 2010 | 1 501 000 |
| 2012 | 1 918 000 |
| 2014 | 2 380 000 |
| 2016 | 2 318 000 |
| 2018 | 3 222 000 |

En 2019, le nombre de voyageurs a été 3 556 000. Il dispose de deux pistes parallèles de 2 500 et 3 700 m.

**Perm**
Cette ville à proximité de l'Oural, au bord de la rivière Kama a été une création en 1723 de Vassili Tatichtchev sur les ordres de Pierre le Grand. La population est de 990 000 habitants. De 1940 à 1957 la ville a porté le nom de Molotov, le bras droit de Staline... L'aéroport porte le nom de Bolshoye Savino, un village localisé à seize km de la ville de Perm. Sa création date de 1965, son usage est mixte civil-militaire. Initialement Perm était desservie par l'aéroport Bakharevka construit en 1952. L'aéroport reçoit les vols d'une quinzaine de compagnies venant d'une dizaine de villes.

Trafic :

| Année | Passagers |
|---|---|
| 2010 | 800 000 |
| 2012 | 900 000 |
| 2014 | 1 312 000 |
| 2016 | 1 131 000 |
| 2018 | 1 519 000 |

En 2019, le nombre de 1 647 000 voyageurs a été enregistré. Il dispose d'une piste de 3 200 m.

**Petropavlovsk-Kamchatsky**
C'est la plus ancienne cité de l'Extrême Orient russe. Elle date de 1740. Elle est située à 6 800 km de Moscou, à la pointe sud de la presqu'ile du Kamtchatka. La population est de 200 000 habitants. La région fut longtemps interdite à tous les visiteurs. L'Aéroport Yelizovo est une base militaire depuis de longues années, sa position stratégique est importante pour l'organisation de la défense russe. L'aéroport est doté de deux pistes de 2 500 m et 3 400 m utile pour les bombardiers lourds. Il est utilisé par sept transporteurs. Les principaux vols vont vers Vladivostok, Moscou, occasionnellement vers Anchorage en Alaska. En 2018, le nombre de voyageurs a été 698 000 et en 2019 le total a été de 758 000.

*Aéroport Petropavlovsk-Kamchatka*

## Rostov sur le Don

La ville bordée par le Don, est située à trente km de la mer d'Azov. Sa création a été décidée en 1749, avec la construction d'un établissement militaire à la demande de la princesse Elizabeth, la fille de Pierre le Grand. La position de la ville au débouché du canal Volga-Don lui a fait donner le surnom de port des cinq mers. L'aéroport Platov a été inauguré le 17 décembre 2017 à l'occasion de la Coupe du monde de football de 2018, le précédent aéroport ayant été remis en service en 1950 après les réparations consécutives aux dégâts causés par la Seconde Guerre mondiale. Une cinquantaine de destinations sont proposées par trente compagnies. La compagnie Donavia a implanté sa base opérationnelle. Il bénéficie de plus de cinquante postes de stationnement pour les avions.

Trafic :

| Année | Passagers |
|---|---|
| 2010 | 1 440 000 |
| 2012 | 1 873 000 |
| 2014 | 2 342 000 |
| 2016 | 2 062 000 |
| 2018 | 2 766 000 |

En 2019, le nombre de 3 060 000 voyageurs a été enregistré. L'aéroport dispose d'une piste de 2 500 m.

## Saint-Pétersbourg

Avec une population de 5 820 000 habitants, c'est la deuxième ville de Russie. Ce fut la création de Pierre le Grand qui voulait une ouverture vers l'Europe et disposer d'un port sur la mer Baltique. La ville porta le nom de Petrograd de 1914 à 1924, puis de Leningrad de 1924 à 1991, pour reprendre son nom à partir de 1991. Elle a subi un terrible siège pendant la Seconde Guerre mondiale de 1941 à 1944, qui a fait de nombreuses victimes. Son aéroport porte le nom de Pulkovo depuis 1973. Précédemment il portait, depuis son ouverture en 1931, le nom de Shusseynaya. En 1937, des vols étaient ouverts vers Moscou. L'aéroport a été totalement fermé de la fin de 1941 à janvier 1944. Après les réparations des dégâts causés par le conflit, le trafic a repris en 1948. Un nouveau terminal fut ouvert en 1951. Depuis de nombreuses améliorations ont été apportées pour faire face à un trafic qui approche les vingt millions de passagers.

*Aéroport de Pulkovo à Saint-Pétersbourg*

Trafic :

| Année | Passagers |
|---|---|
| 2010 | 8 391 000 |
| 2012 | 11 154 000 |
| 2014 | 14 264 000 |
| 2016 | 15 365 000 |
| 2018 | 18 123 000 |

En 2019, le nombre de 19 581 000 voyageurs a été enregistré.

Principales desservies vers la Russie en 2018 :

| Villes | Passagers |
|---|---|
| Moscou | 4 837 000 |
| Simferopol | 630 000 |
| Sotchi | 562 000 |
| Kaliningrad | 462 000 |
| Ekaterinbourg | 422 000 |

Principales destinations dans les pays de la CIS en 2018 :

| Villes | Passagers |
|---|---|
| Minsk | 274 000 |
| Tachkent | 124 000 |
| Chisinau | 95 000 |
| Almaty | 90 000 |
| Samarkand | 79 000 |

Principales villes internationales desservies en 2018 :

| Villes | Passagers |
|---|---|
| Antalaya | 700 000 |
| Francfort | 284 000 |
| Larnaca | 257 000 |
| Paris | 234 000 |
| Munich | 216 000 |

L'aéroport de Pulkovo est fréquenté par un total de quatre-vingts compagnies. Deux pistes de 3 300 et 3 700 m de longueur sont en service.

**Samara**

C'est la neuvième ville de Russie avec 1 120 000 habitants. Sa création remonte à 1586 avec la construction d'une forteresse. Elle est située à 900 km au sud-est de Moscou. Pendant la Seconde Guerre mondiale plusieurs entreprises aéronautiques s'y installèrent pour être éloignées du front. L'aéroport Kurumoch porte maintenant le nom Serguei Korolev qui a été le fondateur du programme spatial russe. Il a été ouvert en 1961 aux vols commerciaux. En 2019, vingt-trois compagnies se posent à Samara.

Trafic :

| Année | Passagers |
|-------|-----------|
| 2010  | 1 570 000 |
| 2012  | 1 890 000 |
| 2014  | 2 377 000 |
| 2016  | 2 091 000 |
| 2018  | 3 052 000 |

En 2019, le nombre de passagers a été de 2 999 000. Deux pistes sont utilisées de 2 500 et 3 000 m de longueur.

**Saratov**

C'est une ville et un port sur la Volga, à 700 km au sud-est de Moscou et à 330 km de Volgograd. La population est de 850 000 habitants. Son histoire remonte à 1590 et fut à partir de 1763 une terre de peuplement surtout pour les allemands venant de l'Ouest, qui furent surnommés les allemands de la Volga. L'ancien aéroport, Tsentrainy, trop enclavé, a été remplacé le 20 août 2019 par les installations du nouveau terrain qui porte le nom de Youri Gagarine, le célèbre cosmonaute. Il est fréquenté par six compagnies.

Trafic :

| Année | Passagers |
|-------|-----------|
| 2010  | nc        |
| 2012  | 272 000   |
| 2014  | 481 000   |
| 2016  | 433 000   |
| 2018  | 425 000   |

En 2019, le nombre de 585 000 voyageurs a été enregistré. L'aéroport dispose d'une piste de 2 200 m.

## Simferopol

La ville, qui est située en Crimée, a pris son nom en 1784 après l'annexion par Catherine II. En 2014, la ville, qui compte 330 000 habitants, est redevenue russe, après une période ukrainienne à partir de 1954. L'aéroport porte le nom d'Ivan Aïvazovski, un peintre russe. Il date de 1936, sa desserte actuellement n'est possible que depuis les autres villes russes suite à l'annexion de la Crimée. Il est à quarante km de Yalta un centre touristique et historique important. Il est desservi par dix-huit compagnies qui génèrent un trafic surtout saisonnier.

Trafic :

| Année | Passagers |
|---|---|
| 2010 | 845 000 |
| 2012 | 1 114 000 |
| 2014 | 2 800 000 |
| 2016 | 5 201 000 |
| 2018 | 5 146 000 |

En 2019, le nombre de 5 140 000 voyageurs a été enregistré. L'aéroport dispose d'une piste de 3 700 m.

## Sotchi

C'est une ville située sur la côte nord-est de la mer Noire, proche du Caucase, à 1 360 km au sud de Moscou. Sa création remonte à 1838, avec la construction d'un fort russe pour protéger la région. Elle a une population de 400 000 habitants. C'est un lieu touristique apprécié par de nombreux visiteurs, ainsi qu'un port important. L'aéroport date de 1941, il avait été construit pour renforcer les moyens de défense face aux avancées des armées allemandes. A partir de 1945, le trafic civil a débuté et maintenant il est utilisé par trente compagnies. La forte progression du trafic a été en partie le résultat de deux grandes manifestations internationales organisées à Sotchi : les JO d'hiver en 2014 et la Coupe du monde de football en 2018. Ces grandes réunions ont conduit à un fort accroissement du flux de voyageurs pendant la période des compétitions, mais aussi de nombreux voyages pour la préparation des installations et des compétitions. Il est en

2019 le cinquième aéroport de Russie. Sa gestion a été confiée à Basel Aero.

Trafic :

| Année | Passagers |
|---|---|
| 2010 | 1 920 000 |
| 2012 | 2 120 000 |
| 2014 | 3 099 000 |
| 2016 | 5 262 000 |
| 2018 | 6 343 000 |

En 2019, le nombre de 6 760 000 voyageurs a été enregistré. Il dispose de deux pistes de 2 200 et 2 900 m.

**Surgut**
C'est une ville de 375 000 habitants, située en Sibérie dans la province autonome Oyunoky Yakutsk, sur la rivière Ob, à 2 140 km à l'est de Moscou. Elle a été fondée en 1594 sur ordre du tsar Féodor 1er. Elle est considérée comme la capitale russe du pétrole. L'aéroport, où les activités ont débuté en 1937, est situé à dix km de la ville. Il a pris le nom Farman Salmonev en 2019, du nom du géologue qui a découvert d'importants gisements de pétrole. L'aéroport était initialement militaire, le premier vol international a eu lieu en 2001 à destination de Kiev. La desserte est assurée par onze compagnies. L'aéroport a reçu plusieurs fois le titre de meilleur aéroport de la CIS.

Trafic :

| Année | Passagers |
|---|---|
| 2010 | 1 050 000 |
| 2012 | 1 167 000 |
| 2014 | 1 358 000 |
| 2016 | 1 489 000 |
| 2018 | 1 752 000 |

Il dispose d'une piste de 2 750 m de longueur.

## Tomsk

C'est une ville située dans le centre de la Sibérie, qui date de plus de quatre cents ans, et dont création avait été décidée par Boris Godounov. Elle est située sur la ligne du Transsibérien, en bordure de la rivière Tom. La population est importante avec 575 000 habitants. L'aéroport, qui porte le nom de Bogashevo, est situé à vingt km au sud-est de la ville. Il a été ouvert en 1967 en remplacement d'un terrain qui n'était plus adapté. Il reçoit les vols de douze compagnies.

Trafic :

| Année | passagers |
|---|---|
| 2010 | nc |
| 2012 | 426 000 |
| 2014 | 537 000 |
| 2016 | 555 000 |
| 2018 | 615 000 |

En 2019, le nombre de 1 866 000 voyageurs a été enregistré. Il dispose d'une piste de 2 500 m de longueur.

## Tyumen

Ville de 620 000 habitants située en Sibérie à 2 500 km à l'est de Moscou sur la rivière Tura. La création date de 1586 sous l'impulsion du Tsar Feodor 1er et le développement fut important au XIXème siècle, en particulier à partir de 1885 avec l'arrivée du Transsibérien. L'aéroport Roschino International est situé treize km de la ville, il est desservi par treize compagnies.

Trafic :

| Année | Passagers |
|---|---|
| 2010 | 997 000 |
| 2012 | 1 239 000 |
| 2014 | 1 369 000 |
| 2016 | 1 530 000 |
| 2018 | 1 978 000 |

En 2019, le nombre de 2 039 000 voyageurs a été enregistré. Il dispose de deux pistes de 2 700 et 3 000 m de longueur.

**Vladivostok**
Cette grande ville avec une population est de 620 000 habitants, est située à 6 400 km à l'est de Moscou. C'est un port important sur la côte Pacifique. Russe depuis 1858. Elle fut reliée à Moscou par le Transsibérien à partir de 1903. L'aéroport international est relié par vingt compagnies. C'est le douzième de Russie.

*Aéroport de Vladivostok*

Trafic :

| Année | Passagers |
|-------|-----------|
| 2010  | 1 263 000 |
| 2012  | 1 624 000 |
| 2014  | 1 792 000 |
| 2016  | 1 850 000 |
| 2018  | 2 634 000 |

En 2019, le nombre de 3 079 000 voyageurs a été enregistré. Il dispose de deux pistes de 2 500 et 3 500 m de longueur.

**Volgograd**

C'est un grand nom de l'Histoire puisque la ville s'appela Stalingrad et fut le siège d'une des plus grandes batailles de la Seconde Guerre mondiale. La ville fut largement détruite. Sa population est de 1 020 000 habitants qui vivent le long de la Volga. Elle est située à 900 km au sud-est de Moscou. L'aéroport initial portait le nom de Gomrad, était une base allemande et fut transformé en aéroport civil. Il a été rénové pour la Coupe du monde de football de 2018. Il est desservi par huit compagnies. Il possède une gare qui le relie au centre-ville.

Trafic :

| Année | Passagers |
|---|---|
| 2010 | nc |
| 2012 | 565 000 |
| 2014 | 757 000 |
| 2016 | 811 000 |
| 2018 | 1 142 000 |

En 2019, le nombre de 1 214000 voyageurs a été enregistré. Il dispose de deux pistes de 2 300 et 3 200 m de longueur.

**Voronev**

L'aéroport Chestovitskoye a été rebaptisé Pierre le Grand en 2019. Les premiers vols ont eu lieu dès 1933. La principale rénovation a été effectuée en 2008. Il est relié par quinze compagnies.

Trafic :

| Année | Passagers |
|---|---|
| 2010 | nc |
| 2012 | 341 000 |
| 2014 | 465 000 |
| 2016 | 434 000 |
| 2018 | 766 000 |

En 2019, le nombre de 856 000 voyageurs a été enregistré. Il est équipé d'une piste de 2 600 m de long.

**Yakutsk**
C'est une ville située en Sibérie, à 1 000 km du Pacifique et 420 km au sud du cercle polaire. La région est réputée pour ses températures très basses en hiver. Sa création remonte à 1682. C'est un port sur la Léna et jusqu'à une date récente l'accès par la route était difficile une partie de l'année. L'aéroport Platon Oyunoby Yakutsk date de 1931. Pendant la Seconde Guerre mondiale, il était utilisé comme escale pour les appareils venant des USA. Pour sa modernisation une nouvelle aérogare a été inaugurée en 1996. Il est desservi par sept compagnies.

Trafic :

| Année | Passagers |
|-------|-----------|
| 2010  | nc        |
| 2012  | 747 000   |
| 2014  | 870 000   |
| 2016  | 877 000   |
| 2018  | 918 000   |

En 2019, le nombre de 949 000 voyageurs a été enregistré. Il dispose de deux pistes de 2 500 et 3 400 m.

Yakutsk a un second aéroport à Magan qui avait été développé dans les années 1980 pour les bombardiers stratégiques. Il est situé à douze km de Yakutsk, sert pour les déroutements en cas de mauvais temps et est utilisé par Boeing périodiquement pour effectuer des essais par grands froids de ses nouveaux appareils. Il dispose d'une piste de 3 440 m de longueur.

**Yuzhno-Sukhalinsk**
C'est une ville située au sud de l'ile Sakhaline, au bout de la Sibérie, qui date de 1882 avec l'utilisation de forçats pour la construire. Elle a été japonaise de 1905 à 1945 sous le nom de Toyohara. Elle compte 180 000 habitants. Son aéroport a été ouvert en 1945 à usage militaire, puis deviendra progressivement civil. Il est desservi par sept compagnies.

Trafic :

| Année | Passagers |
|---|---|
| 2010 | nc |
| 2012 | 834 000 |
| 2014 | 853 000 |
| 2016 | 942 000 |
| 2018 | 1 064 000 |

En 2019, le nombre de 1 209 000 voyageurs a été enregistré. Il dispose d'une piste de 3 400 m de longueur.

# La sécurité aérienne en Russie

C'est un sujet qui a été au centre de la réflexion de nombreux spécialistes. Dans les années 1950, les plumitifs liés à l'URSS dénonçaient, chaque fois qu'il y avait un accident d'avion dans le monde occidental, les méfaits du capitalisme, ce genre de choses, selon eux, n'arrivant pas dans le monde heureux de l'Est... A partir du moment où les vols de la compagnie Aeroflot ont quitté le monde fermé de l'URSS, où l'information était contrôlée, les accidents sont survenus aux appareils portant les insignes de l'URSS et des pays affiliés. La réalité à rattraper les falsificateurs et le nombre d'accidents a fini par être connu. Les archives ont permis de savoir un peu mieux la réalité. Depuis 1919 la Russie a connu environ six cents accidents d'avions commerciaux faisant 9 400 victimes. Pendant la seule année 1948, le Li2, la version soviétique du DC3, a été impliqué dans quinze accidents. Plus près de nous, pendant la seule année 1969, le nombre total d'accidents a été de vingt.

Accidents survenus à des avions commerciaux :

| Année | Accidents |
|---|---|
| 1948 | 18 |
| 1949 | 11 |
| 1950 | 6 |
| 1951 | 13 |
| 1952 | 9 |

(selon les statistiques communiquées par la Russie...)

Accidents sur l'appareil IL14 :

| Année | Accidents |
|---|---|
| 1956 | 3 |
| 1957 | 5 |
| 1958 | 8 |
| 1959 | 3 |
| 1960 | 8 |

Les débuts du Tu-104 ont été marqués par une série d'accidents peu médiatisée :

| Année | Accidents |
|---|---|
| 1958 | 3 |
| 1959 | 1 |
| 1960 | 5 |
| 1961 | 3 |
| 1962 | 3 |

**Accidents survenus aux avions construits en URSS puis en Russie**

Pour établir ce tableau, les accidents où l'appareil a été complètement détruit ont été pris en compte. Pour permettre une comparaison avec les autres pays un tableau sur quelques avions occidentaux est proposé par la suite.

| Type d'avions | Nb accidents | Nb avions produits |
|---|---|---|
| Antonov 10 | 14 | 108 |
| Antonov 12 | 241 | 1243 |
| Antonov 124 | 5 | 57 |
| Antonov 140 | 5 | 28 |
| Antonov 148 | 2 | 24 |
| Antonov 178 | 0 | 1 |
| Antonov 2 | 750 | 18 000 |
| Antonov 22 | 9 | 67 |
| Antonov 225 | 0 | 1 |
| Antonov 24 | 125 | 1332 |
| Antonov 26 | 170 | 1403 |
| Antonov 28 | 33 | 191 |
| Antonov 32 | 80 | 357 |
| Antonov 38 | 0 | 3 |
| Antonov 70 | 1 | 2 |
| Antonov 72 | 19 | 169 |
| Antonov 8 | 19 | 151 |
| Beriev 200 | 0 | 9 |
| Beriev 30 | 1 | 8 |

| | | |
|---|---|---|
| Iliouchine 112 | 0 | 1 |
| Iliouchine 114 | 2 | 20 |
| Iliouchine 12 | 55 | 663 |
| Iliouchine 14 | 95 | 1 122 |
| Iliouchine 18 | 102 | 569 |
| Iliouchine 38 | 2 | 58 |
| Iliouchine 62 | 25 | 287 |
| Iliouchine 76 | 92 | 938 |
| Iliouchine 86 | 4 | 106 |
| Iliouchine 96 | 1 | 16 |
| Irkout MC 21 | 0 | 1 |
| Polikarpov Li 2 | 223 | 5 000 |
| Sukhoi 80 | 0 | 8 |
| Sukhoi 100 | 4 | 155 |
| Tupolev 104 | 37 | 207 |
| Tupolev 114 | 2 | 34 |
| Tupolev 124 | 17 | 112 |
| Tupolev 134 | 75 | 725 |
| Tupolev 144 | 2 | 10 |
| Tupolev 154 | 72 | 1026 |
| Tupolev 204 | 3 | 25 |
| Tupolev 334 | 0 | 2 |
| Yakolev 40 | 108 | 1136 |
| Yakolev 42 | 9 | 182 |

Les chiffres sur la sécurité des vols, surtout dans la période de l'URSS, ne sont pas satisfaisants, beaucoup trop de victimes, d'avions détruits pour des raisons diverses. Parmi celles-ci, des conceptions mal maitrisées, des erreurs pendant les essais, des problèmes de pilotage. Aussi des défaillances dans la formation et l'exploitation avec un manque de rigueur : des appareils surchargés, le non-respect des interdictions de vol en cas de mauvais temps, l'impératif de voler malgré la météo (le président polonais est mort pour cette raison), maintenance oubliée, etc...

**Accidents survenus à différents modèles occidentaux**
Les statistiques sur l'exploitation des appareils dans le monde occidental ne sont pas aussi brillantes que certains le pensent. Si l'aviation de l'Est a eu à déplorer trop d'accidents, les grands noms de l'Ouest n'ont pas des chiffres

satisfaisants, surtout pour les appareils conçus il y a quarante ans. Comme pour les pays de l'Est, certains appareils ont été perdus lorsqu'ils étaient en fin de carrière, exploités par des transporteurs utilisant des personnels souvent peu qualifiés, une maintenance assurée de façon très laxiste, éventuellement avec des pièces d'origine douteuse et des prises de risques dans l'exécution de certains vols, par exemple en surcharge.

| Avions | Nb d'accidents | Production |
|---|---|---|
| Airbus 320 | 38 | 4700 |
| Boeing 757 | 11 | 1050 |
| Boeing 727 | 119 | 1832 |
| Fokker F27 | 177 | 786 |
| SE 210 « Caravelle » | 64 | 282 |
| Vickers « Viscount » | 144 | 445 |

# L'Ukraine

Ce pays de l'Europe orientale est très étendu avec une superficie de 576 000 km² pour une population de quarante-deux millions d'habitants. Il a une longue façade maritime avec la mer Noire et la mer d'Azov. Le pays a proclamé son indépendance le 24 août 1991.

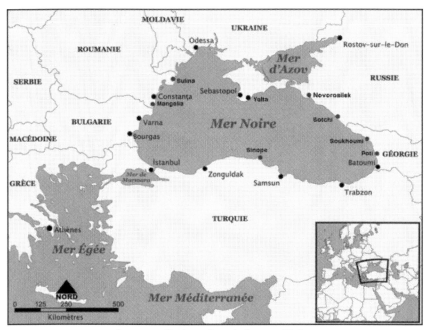

*Les pays limitrophes de la mer Noire*

## La production aéronautique

### Antonov

Le constructeur Antonov a été une création du gouvernement soviétique en 1946 à Novossibirsk dans le cadre du centre de recherche et développement de l'URSS, qui était bien évidemment « top secret ». L'entreprise fut transférée à Kiev en Ukraine en 1952. La production de la société a été riche avec de nombreux de modèles, en particulier les avions de transport de forts tonnages.

Antonov 2

C'était un monomoteur à usage très polyvalent, notamment comme court-courrier, pouvant transporter douze passagers. C'était un biplan dont le premier vol remontait au 31 août 1947 et la mise service à 1948. Il était équipé d'un moteur PZL de 1 000 CV lui donnant une vitesse de croisière de 250 km/h et un rayon d'action de 900 km. Il a été produit à plus de 18 000 exemplaires civils et militaires. A partir de 1960, la production fut assurée par PZL en Pologne qui livra plus de 10 000 machines en URSS. Une version équipée d'un turbopropulseur de 1 375 CV a été mise au point en 1991, mais avec beaucoup de difficultés. Une version fut produite en Chine sous la référence le Nauchang Y5.

*Antonov An-2*

*Antonov An-2*

Antonov 8

C'était un bimoteur qui avait été conçu pour remplacer le Lisounov Li 2. Il fit son premier vol le 11 février 1956 et fut mis en service en 1959. L'utilisation fut principalement militaire pour les cent-cinquante exemplaires qui ont été fabriqués. L'appareil était équipé de deux turbopropulseurs Ivenchko de 4 000 CV, lui donnant une vitesse de 480 km/h et une distance franchissable de 2 300 km. Une version civile pour soixante-douze passagers avait été proposée à la compagnie Aeroflot mais ne fut pas retenue. Par contre des appareils de seconde main volèrent pour le transport de fret, notamment pour des compagnies pétrolières.

Antonov 10

Il fit son premier vol le 7 mars 1957 et fut mis en service en 1959. Il avait été conçu pour remplacer l'AN-8. Il était propulsé par quatre turbines « Ivencheko » de 4 000 CV lui assurant une vitesse maximale de 660 km/h pour une autonomie de 4 000 km. Il était servi par un équipage de cinq membres. Plus d'une centaine d'appareils furent utilisée par la compagnie Aeroflot pour le transport de charges lourdes, en particulier dans la partie Est du pays.

Antonov 12

Quadri turbopropulseur moyen-courrier pour le fret qui fut principalement utilisé par différentes armées. Sa production porta sur environ 1 250 appareils, dont 183 pour un usage civil. Parmi les utilisateurs, les compagnies Aeroflot, Iraqi Airways, CAAC (Chine), Cubana, etc... La mise en service a été effectuée en 1960. Ses quatre moteurs « Ivchenko » de 4 000 CV lui donnaient une vitesse de croisière de 600 km/h et un rayon d'action à pleine charge de 3 500 km. Il fut produit en Chine, sous la référence Shaanxi Y8, à environ deux cents exemplaires.

*Antonov An-12*

Antonov 14
Ce bimoteur, surnommé « Petite abeille » fit son premier vol le 15 mars 1958 et fut mis en service seulement huit ans après en 1966. Sa production porta sur environ trois cents exemplaires à usage civil et militaire. Il était doté de deux moteurs à pistons « Ivenchenko » de 300 CV, lui donnant une vitesse de croisière de 180 km/h pour une distance franchissable de 650 km. Il fut utilisé par Aeroflot pour le transport de passagers et de fret.

Antonov 22
C'était un quadri turbopropulseur qui fut utilisé par les militaires et par Aeroflot principalement pour le transport de charges lourdes en Sibérie. Il a effectué son premier vol le 27 février 1965 et fut mis en service en 1967. Il était équipé de quatre turbo propulseurs « Kouznetsov » NK12 MA de 15 000 CV lui donnant une vitesse de croisière maxi de 650 km/h, une distance franchissable optimale de 10 900 km et une charge pouvant

atteindre quatre-vingts tonnes La production porta sur soixante-huit appareils.

*Antonov An-22*

Antonov 24
Ce bi turbopropulseur moyen-courrier pour cinquante passagers, avec un équipage de quatre personnes a effectué son premier vol le 29 octobre 1959 et fut mis en service pendant l'année 1962. Il était propulsé par deux moteurs « Ivchenko » AI-24 de 2 550 CV lui assurant une vitesse de croisière maximale de 450 km/h, pour un rayon d'action de 1 500 km. La construction porta sur 1 367 appareils, qui furent utilisés surtout par les militaires, mais aussi par les compagnies Aeroflot, Belavia, Egyptair, Iraqi Airways et de nombreuses compagnies des pays de l'Est. Il fut produit également en Chine sous la référence Xian-Y7.

*Antonov An-24R*

Antonov 26

C'était une variante du bi turbo propulseur AN-24 qui a été produite entre 1968 et 1985. Il était équipé de deux turbo propulseurs « Ivenchenko-Progress » AI-24T/VT de 2 800 CV, qui étaient complétés par un réacteur d'appoint de 7,85 kN pour faciliter les décollages dans les pays chauds ou en altitude. La vitesse de croisière était de 440 km/h avec une distance franchissable de 2 200 km. La Chine a produit l'appareil sous la dénomination Y7H-500.

Antonov 28

Ce bi turbopropulseur court-courrier était issu de l'avion Antonov 14. Il fit son premier vol en 1969, mais sa production fut finalement confiée à PZL en Pologne en 1986. Il était équipé de deux turbopropulseurs PZKL-10S puis Pratt et Whitney Canada PT6 de 960 CV, lui assurant une vitesse maximale de 350 km/h avec une distance franchissable relativement courte de 500 km. La production porta sur 191 appareils qui furent utilisés par des transporteurs en Union Soviétique et dans les pays amis.

Antonov 38
C'était un bi turbopropulseur court-courrier pour vingt-sept passagers, dérivé de l'AN 28. Il était doté de deux turbopropulseurs Garett/Honeywell de 1 500 CV lui donnant une vitesse maximale de 400 km/h et une distance franchissable 1 700 km. Sa mise en service eut lieu en1992. Il a été produit à seulement onze exemplaires, avec comme principal utilisateur Vostok Aviation.

Antonov 70
Quadrimoteur pour le transport de charges, propulsé par quatre turbines « Ivchenko » de 14 000 CV, lui assurant une vitesse maximale de 750 km/h et un rayon d'action maximum de 8 700 km. Un équipage de trois personnes assurait son pilotage, sa capacité de transport était de quarante-sept tonnes. Il fit son premier vol le 16 décembre 1994 et sa production fut perturbée par des accidents survenus sur les prototypes. Une relance fut proposée en 2010. Une version 70T avec quatre réacteurs CFM56 a été aussi étudiée.

Antonov 72
C'était un biréacteur pour le transport d'une charge de dix tonnes ou trente-deux passagers. Il fit son premier vol le 22 décembre 1977 et fut mis en service en 1980. Ses deux réacteurs étaient positionnés au-dessus des ailes hautes. Une partie de l'extrados était soufflée ce qui facilitait le décollage. Les deux réacteurs « Lotarev D36 » de 63,8 kN lui assurait une vitesse de croisière de 600 km/h avec une autonomie maximale de 3 000 km. Avec la version AN74, environ 160 appareils ont été produits pour une utilisation surtout militaire.

Antonov 74
C'était aussi un biréacteur moyen-courrier dérivé de l'AN72, dont il utilisait les mêmes moteurs. Il fit son premier vol fin 1983. La vitesse de croisière était de 600 km/h et l'autonomie maximale de 4 000 km. La mise en service eut lieu en 1992. Il pouvait transporter 7,5 tonnes ou dix passagers.

*Antonov An-74 d'Aeroflot*

*Antonov An-74 d'Antonov Airlines*

Antonov 140
Ce bi turbopropulseur court-courrier pour cinquante-deux passagers a effectué son premier vol le 17 septembre 1997 et sa mise en service eut lieu en 2002. Il était équipé de deux turbines « Motor Sich » de 2 450 CV, lui

assurant une vitesse de croisière maximale de 520 km/h pour une distance franchissable de 2 100 km. Un faible nombre d'appareils fut produit pour Antonov Airlines, Yakuta Airlines, etc... L'avion devait être construit en Iran, mais suite à un accident la fabrication fut stoppée.

*Antonov An-140*

Antonov 148
Ce bi réacteur court et moyen-courrier pour soixante-huit passagers a fait son premier vol le 17 décembre 2004 et fut mis en service en 2009. Il est propulsé par deux réacteurs Progress D 436 de 63 kN suspendus sous l'aile haute de l'appareil lui donnant une vitesse de 800 km/h et un rayon d'action de 2 100 km. La production a été quarante-sept exemplaires depuis le début, pour Air Koryo, Cubana, Rossiya, Syrian Air, etc... Suite à un accident, l'exploitation a été suspendue en 2018.

*Antonov An-148*

*Antonov An-148*

*Antonov An-148*

Antonov 158
Cet appareil était commun à 95% avec le type AN 148. Il avait une capacité de cent-deux passagers et un rayon d'action de 2 600 km. Il a été mis en service en 2013. Il volait à une vitesse de croisière de 800 km/h sur une distance de 2 000 km.

Antonov 124
C'est un quadriréacteur pour le transport lourd qui a fait son premier vol le 24 décembre 1982 et sa mise en service seulement quatorze ans plus tard en 1996. Il est doté de quatre réacteurs Progress D18T de 229 kN lui donnant une vitesse de croisière maximale de 865 km/h et un rayon d'action suivant la charge de 3700 à 11 500 km. La capacité de transport est de 150 tonnes. La production a porté sur cinquante-cinq appareils. Parmi les utilisateurs civils Antonov Airlines, Volga-Dniepr Airlines.

*Antonov An-124*

*Antonov An-124-100*

Antonov 225

Ce gigantesque avion fit son premier vol le 27 décembre 1988. Il était destiné initialement au transport de la navette spatiale soviétique « Bourane ». Avec l'arrêt du programme spatial et l'effondrement de l'URSS, l'avion qui n'avait été construit qu'à un seul exemplaire est utilisé pour le transport de charges très lourdes pouvant atteindre 250 tonnes. Il est propulsé par six réacteurs « Ivtchenko-Progress » de 230 kN lui assurant une vitesse de croisière de 800 km/ h pour une distance franchissable allant de 4 000 à 14 000 km suivant le chargement. Son exploitant est Antonov Airlines. Un deuxième appareil avait été mis en chantier mais n'a pas été terminé.

*Antonov An-225 d'International Cargo Transporter*

*Antonov An-225 d'International Cargo Transporter*

# Kharkov

<u>Modèle KhA1-1</u>
Avion qui avait eu la particularité d'être conçu par des étudiants de l'Institut Aéronautique de Kharkov sous la direction de Josef Grigorevitch Nyeman. L'appareil était un monomoteur de 480 CV fourni par Shvetsok. Il volait à une vitesse de croisière de 260 km/h sur une distance de 1 100 km, effectua son premier vol le 8 octobre 1932. Transportant six passagers, il fut produit à quarante-cinq exemplaires pour Aeroflot, qui le mit en service en 1936 entre Moscou et Sébastopol et l'utilisa jusqu'au début des années 1940.

# Les hommes

**Nyeman Josef Grigorevitch**
Professeur à l'Institut Aéronautique de Kharkov. Il forma des jeunes techniciens à la conception aéronautique.

**Khmelnytsky Vasyl**
Homme d'affaires ukrainien. Un de ses investissements concerne l'aéroport Jouliani-Sikorski

# Les compagnies aériennes

## Antonov Airlines
La compagnie date de 1989, elle est basée sur l'aéroport de Kiev-Hostomel. Une de ses missions principales est d'exploiter le plus gros avion du monde l'Antonov 225. Elle dispose en plus sept Antonov 124 pour ses missions.

*Antonov An-74 d'Antonov Airlines*

*Antonov An-74 d'Antonov Airlines*

**Sky Up Airlines**
Création le 21 mai 2018 avec comme objectif d'assurer des vols charters vers les grands pôles touristiques. Des vols réguliers sont aussi proposés. Elle dispose d'une flotte d'une dizaine de Boeing 737 et devrait recevoir le nouveau 737 Max…

**Ukraine International Airlines**
Ses débuts datent de 1992, après l'effondrement de l'URSS, qui jusqu'à cette date était le modèle. Plusieurs actionnaires se succèderont, dont la BERD. Depuis 2013, le capital est devenu privé. Les opérations aériennes subissent les conséquences de la grave crise politique, suite à l'occupation de la Crimée et des combats à l'Est du pays. En 2020, Ukraine International Airlines a une quarantaine d'avions surtout des Boeing pour relier soixante-quinze destinations, dans trente-huit pays.

**Yanair**
La compagnie a commencé ses opérations en 2012. Elle a implanté sa base sur l'aéroport de Kiev-Boryspil et exploite une flotte de six Boeing 737, qui sont utilisés vers quelques escales comme Odessa, Kharkov, Tel Aviv, Tbilissi…

**Windrose airlines**
Compagnie dont les débuts ont eu lieu le 28 octobre 2003 pour assurer des vols charters depuis sa base de Kiev-Boryspil. Ses vols ont pour destination une dizaine de pays et ses lignes régulières font escale dans les villes d'Ukraine, Dnipro, Odessa, Kharkov. Elle utilise six Airbus 320, quelques Embraer 145, qui seront remplacés par des ATR 72.

# Anciennes compagnies

### Aerosvit Airlines
La compagnie datait de 1994, elle devint en dix ans le plus grand transporteur aérien d'Ukraine. Elle avait des vols intérieurs, vers l'Europe mais aussi vers les Etats-Unis et différents lieux touristiques. Sa flotte comportait des AN148 pour les liaisons intérieures, des Boeing 737 pour le réseau moyen-courrier et trois Boeing 767 pour les longues distances. Son exploitation donna les éléments suivants: en 2005, le nombre d'heures de vols a été de 39 151 et, pour l'année 2010, le chiffre avait fortement augmenté avec 63 890 heures. Elle forma Ukraine Aviation Group avec Dniproavia, et Donbassaero pour coordonner l'offre. En 2013, les opérations furent suspendues et les vols repris par Ukraine International.

### Aeromist Kharkiv
La création de la compagnie date 2002 avec comme base l'aéroport de Kharkiv. Elle assura des vols régionaux avec trois bimoteurs AN140. Son exploitation prit fin en 2007.

### Air Onix
Les débuts de la compagnie ont eu lieu le 21 avril 2012 avec comme plateforme de base Simferopol. Air Onix avait deux Boeing 737 pour relier une dizaine d'escales qui étaient situées en Arménie, Russie, Turquie, Monténégro, etc. Le 7 novembre 2013 les avions ont été repris par la société de location suite à des problèmes financiers.

### Air Ukraine
Son exploitation a débuté en reprenant la flotte de près de deux cents avions de construction soviétique qui étaient exploités par la branche ukrainienne d'Aéroflot. La compagnie céda petit à petit ses appareils et, lors de son arrêt, en 2002, en raison de graves soucis financiers, elle n'avait plus que trois Tu-134 et un Tu-154M.

**Donbassaero**
Ce transporteur commença ses activités en 1993 sous le patronyme de Donetz State Airlines avec comme base principale l'aéroport de Donetz et une base secondaire à Kiev. Elle reliait une dizaine de pays avec une flotte comprenant neuf Airbus 320 et un Airbus 321. Elle arrêta son exploitation le 14 janvier 2013.

# Les aéroports

Les aéroports d'Ukraine les plus fréquentés en 2018 :

| Rang | Villes | Passagers |
|---|---|---|
| 1 | Kiev-Boryspil | 10 500 000 |
| 2 | Kiev-Jouliany Sikorski | 1 851 000 |
| 3 | Odessa | 1 220 000 |
| 4 | Lviv | 1 080 000 |
| 5 | Kharkiv | 806 000 |
| 6 | Zaporijjia | 348 000 |
| 7 | Dniepropetrovsk | 110 000 |
| 8 | Ivano-Frankivsk | 110 000 |
| 9 | Kherson | 106 000 |
| 10 | Tchernivtsi | 73 000 |

**Kiev**
C'est la capitale de l'Ukraine depuis 1934. Elle est traversée par le Dniepr et bénéficie d'un très riche patrimoine malgré les aléas de l'histoire. Sa population est proche de trois millions d'habitants.

Kiev dispose de trois aéroports :
- L'aéroport de Kiev-Boryspil est implanté à trente km de la ville. Les premiers vols ont eu lieu en 1959 avec pour principales destinations Moscou et Leningrad. Son important développement a conduit à la construction de cinq terminaux. Il reçoit les vols de trente-quatre compagnies.

    Trafic :

    | Année | Passagers |
    |---|---|
    | 2010 | 6 694 000 |
    | 2012 | 8 478 000 |
    | 2014 | 6 890 000 |
    | 2016 | 8 650 000 |
    | 2018 | 10 500 000 |

    Deux pistes de 3 500 et 4 000 m sont en service.

- Aéroport de Jouliany-Igor Sikorski. C'est le second terrain de Kiev et le plus ancien, situé à seulement huit km du centre de la ville. Il a été racheté en 2018 par l'homme d'affaires Vasyl Khmelnytskyï, pour une relance de l'activité. Il est utilisé par une dizaine de compagnies.

Trafic :

| Année | Passagers |
|---|---|
| 2010 | 29 000 |
| 2012 | 862 000 |
| 2014 | 1 090 000 |
| 2016 | 1 227 000 |
| 2018 | 1 851 000 |

Il dispose d'une piste de 2 300 m de longueur.

- Le troisième aéroport Hostomel. Il est spécialisé dans le fret. C'est la base de l'Antonov 225, le plus gros avion du monde qui dispose d'une piste de 3 500 m de longueur et le centre d'exploitation de la compagnie Antonov Airlines.

**Odessa**

La ville est un grand port sur la mer Noire avec une population de 1 013 000 habitants. Sa création remonte à la volonté de Catherine II en 1794. C'est un centre économique et touristique important. Son aéroport est de création assez récente puisqu'il a été inauguré en 1961. Il desservi par une vingtaine de compagnies.

Trafic :

| Année | Passagers |
|---|---|
| 2010 | 707 000 |
| 2012 | 907 000 |
| 2014 | 863 000 |
| 2016 | 1 033 000 |
| 2018 | 1 220 000 |

Il dispose d'une piste de 3 500 m de longueur.

## Lviv

Cette grande ville de l'ouest de l'Ukraine, au centre de la Galicie a son histoire qui remonte à 1256. Elle fut polonaise, autrichienne et enfin ukrainienne. Sa population est de 725 000 habitants. L'aéroport Lviv-Danylo Halytski, porte le nom du roi Daniel de Galice qui a fondé la ville, et a été ouvert en 1929. Plusieurs liaisons étaient proposées dans les années 1930. Actuellement l'aéroport est fréquenté avec dix-sept compagnies.

Trafic :

| Année | Passagers |
|---|---|
| 2010 | 481 000 |
| 2012 | 576 000 |
| 2014 | 585 000 |
| 2016 | 738 000 |
| 2018 | 1 598 000 |

En 2019 il y a eu une forte hausse de la fréquentation avec 2 217 000 passagers, soit une progression de 38%. L'aéroport dispose d'une piste de 3 300 m de longueur.

## Kharkiv

C'est la deuxième ville d'Ukraine avec 1 500 000 habitants. Sa création remonte à 1654, elle a été russe jusqu'au début du XXème siècle puis ukrainienne. Pendant la Seconde Guerre mondiale elle a été au centre de très violents combats. En 2014, elle a été proche du conflit entre les différentes factions russo-ukrainiennes. L'aéroport a été mis en service en 1950. Il a été rénové pour l'Euro de football de 2012 et reçoit les vols d'une quinzaine de compagnies qui transportent près d'un million de voyageurs.

Trafic :

| Année | Passagers |
|---|---|
| 2010 | 243 000 |
| 2012 | 501 000 |
| 2014 | 585 000 |
| 2016 | 600 000 |
| 2018 | 806 000 |

Il dispose d'une piste de 2 500 m de longueur.

**Dnipro (ex Dnietropetrovsk)**
C'est un grand centre industriel avec une population de 980 000 habitants, qui date de 1716. Son patrimoine architectural est apprécié pour sa grande richesse ainsi que les grands parcs qui bordent le Dniepr. L'aéroport est desservi par cinq compagnies.

Trafic :

| Année | Passagers |
|---|---|
| 2010 | 341 000 |
| 2012 | 444 000 |
| 2014 | 446 000 |
| 2016 | 284 000 |
| 2018 | 300 000 |

En 2019 l'aéroport a été fréquenté par 338 000 passagers. Il dispose d'une piste de 2 800 m de longueur.

**Zapajia**
C'est la sixième ville d'Ukraine, bordée par le Dniepr, située à 450 km au sud-ouest de Kiev. Initialement un fort fut implanté à partir de 1770, la ville porta le nom de Aleksandrosk jusqu'en 1921. La population est de 740 000 habitants. Zapajia a été occupée par les allemands pendant deux ans jusqu'en 1943. L'aéroport est desservi par une dizaine de transporteurs, surtout de manière saisonnière pour des séjours touristiques.

Trafic :

| Année | Passagers |
|---|---|
| 2010 | 33 000 |
| 2012 | 50 000 |
| 2014 | 80 000 |
| 2016 | 275 000 |
| 2018 | 348 000 |

Il dispose d'une piste de 2 100 m de longueur.

**Ivano-Frankivsk**

Ville située à 450 km au sud-ouest de Kiev. Elle a été autrichienne, polonaise, allemande puis ukrainienne ! Elle porte depuis 1962 le nom du poète Ivan Marko. L'aéroport est en service depuis 1992, ayant eu initialement un usage militaire, il est maintenant mixte. Il est situé à quatre km de la ville, n'est desservi que par deux compagnies et reçoit surtout des vols charters.

Trafic :

| Année | Passagers |
|---|---|
| 2010 | 30 000 |
| 2012 | 32 000 |
| 2014 | 25 000 |
| 2016 | 98 000 |
| 2018 | 112 000 |

Il dispose d'une piste de 2 500 m de longueur.

**Kherson**

C'est une ville dont la fondation fut le fait de Potemkine en 1778. C'est un port sur la mer Noire et le Dniepr. Elle est située à 450 km au sud-ouest de Kiev, avec une population de 300 000 habitants. Elle fut occupée par les allemands d'août 1941 à mars 1944. L'aéroport a été construit dans les années 1950 et a bénéficié d'une importante modernisation en 2006; il est desservi par cinq transporteurs.

Trafic :

| Année | Passagers |
|---|---|
| 2010 | nc |
| 2012 | nc |
| 2014 | 8 000 |
| 2016 | 62 000 |
| 2018 | 150 000 |

L'aéroport est doté d'une piste de 2 500 m de longueur.

**Tchernivtsi**

C'est une ville à l'ouest de l'Ukraine avec une population de 270 000 habitants. Elle est située à 400 km au sud-ouest de Kiev, elle est traversée par le fleuve Prut. L'aéroport porte le nom de Leonid Kadenivk un cosmonaute ukrainien. Il a été ouvert dans les années 1930. Le développement du trafic a été bloqué longtemps par les insuffisances de la piste.

Trafic :

| Année | Passagers |
|---|---|
| 2010 | 57 000 |
| 2012 | 27 000 |
| 2014 | 13 000 |
| 2016 | 12 000 |
| 2018 | 73 000 |

L'aéroport est doté d'une piste de 2 200 m de longueur.

**Donetz**

L'aéroport est fermé suite au conflit entre les séparatistes russes et ukrainiens. Il avait un trafic de 446 000 passagers en 2014.

**Simferopol**

L'aéroport a un trafic important avec plus de cinq millions de passagers. Il est maintenant classé avec les aéroports de Russie depuis l'occupation de la Crimée par la Russie.

# Les autres pays d'Europe de l'Est

# La Biélorussie

C'est un pays de l'Europe de l'Est qui est entouré par la Russie, la Lettonie et l'Ukraine. Il a recouvré son indépendance le 27 juillet 1990. La superficie est de 207 000 km² et la population de 9 500 000 habitants.

## Les compagnies aériennes

### Belavia
La création a eu lieu le 5 mars 1996 en partant de la structure locale d'Aeroflot. Son réseau a une cinquantaine destinations régulières vers les grandes capitales européennes et une vingtaine d'escales saisonnières. Belavia utilise une flotte comprenant vingt Boeing 737, onze Embraer 170/190 et trois Bombardier CRJ 200.

*Boeing 737-8ZM de Belavia*

## Anciennes compagnies

### Gomelavia
Elle avait débuté ses activités en 1996 depuis sa base sur l'aéroport de Gomel. A la veille de suspendre ses opérations en 2011, elle utilisait trois An 24 pour relier Gomel à Moscou, Minsk et Kaliningrad.

## Les aéroports

### Minsk
C'est la capitale dont la création remonte à 1067, elle est située à 440 km au nord de Kiev et 680 km à l'ouest de Moscou. Elle a une population de 1 990 000 habitants. Son architecture a subi une forte influence de l'époque stalinienne ! L'aéroport initial, proche de la ville, a été remplacé en 1982 par des installations modernes à quarante-deux km du centre de Minsk. Il reçoit les vols d'une quinzaine de transporteurs, le plus important étant la compagnie nationale Belavia.

Trafic :

| Année | Passagers |
|---|---|
| 2010 | 1 285 000 |
| 2012 | 1 837 000 |
| 2014 | 2 593 000 |
| 2016 | 3 429 000 |
| 2018 | 4 600 000 |

L'aéroport est doté d'une piste de 3 600 m de longueur.

### Gomel/Homyel
Avec une population de 535 000 habitants, c'est la deuxième ville de Biélorussie. Elle est située à 280 km au sud-est de Minsk, à proximité de la frontière avec l'Ukraine et la Russie. Elle fut occupée par les allemands pendant plus de deux ans pendant la guerre 1939-1945. Elle a eu aussi le triste privilège d'être une des villes les plus proches de Tchernobyl en 1986. L'aéroport fut construit à partir de 1968, avec une nouvelle aérogare en

1985. Il a été la base de Gomelavia qui stoppa ses activités en février 2011. Quelques vols charters sont assurés par Belavia. Il dispose d'une piste de 2 550 m.

# La Moldavie

C'est un pays de 33 581 km² situé entre l'Ukraine et la Roumanie avec une population s'élevant à 3 437 000 habitants. Son histoire, comme beaucoup de pays et de villes de l'Europe centrale, a connu de nombreux soubresauts, conflits, invasions, exactions... Le pays a recouvré son indépendance depuis le 27 août 1991.

## Les compagnies aériennes

### Air Moldova
Après l'indépendance de la Moldavie, le transport aérien, qui était assurée par la branche locale d'Aeroflot, est passé sous la tutelle d'Air Moldova. Initialement, elle a conservé les avions d'origine soviétique avant de moderniser sa flotte au début des années 2000. Elle a vingt-huit escales dans son réseau que parcoure quatre Airbus 319/320 et quatre Embraer 190.

### FlyOne
C'est une compagnie privée, dont la création date de 2016. Elle a une activité de charters et de lignes régulières. Ses appareils se posent dans une dizaine de pays, en particulier en Egypte, en Italie, en France. Les vols sont assurés avec une flotte d'Airbus A319/320.

## Les aéroports

### Chisinau
C'est la capitale et principale ville de la Moldavie avec une population de 750 000 habitants. La ville a brulé quatre fois au XVIII siècle et son histoire est une suite de massacres, pogroms, exactions de toutes sortes. Son aéroport est situé à treize km au sud de la ville. Un premier aéroport avait été mis en service en 1926 avec une liaison vers Iasi en Roumanie. Un nouvel aéroport a été ouvert en 1959 pour les jets Tu-104 volant vers Moscou. Le 13 septembre 1990 ce fut le premier vol international vers

Francfort. Il est desservi par une douzaine de transporteurs, le principal étant Air Moldova qui représente 40 % du trafic. Les principales destinations au départ de Chisinau sont Moscou, Bucarest, Francfort, Londres, Istanbul...

Trafic :

| Année | Passagers |
|-------|-----------|
| 2010  | 937 000   |
| 2012  | 1 220 000 |
| 2014  | 1 781 000 |
| 2016  | 2 206 000 |
| 2018  | 2 828 000 |

Il dispose d'une piste de 2 500 m de longueur.

**Balti/Beltsy**

C'est la deuxième ville de Moldavie avec une population d'environ 100 000 habitants qui est à 130 km de Chisinau. Elle dispose d'un aéroport Balti-Leadoveni situé à quinze km de la ville. Il n'a pas de ligne régulière mais accueille quelques vols charters pour les passagers et le fret. Il dispose d'une piste de 2 200 m de longueur.

# La Pologne

La création de la Pologne remonte à l'an 986. Le pays a connu une histoire tragique avec les invasions des prussiens, des allemands, des russes, des autrichiens, etc... La Seconde Guerre mondiale fut particulièrement dramatique entre les invasions allemandes et soviétiques, qui après s'être partagées le pays, ont poursuivi leurs luttes au travers des plaines polonaises. L'indépendance est revenue le 1$^{er}$ janvier 1990. La population est d'environ 38 millions d'habitants. Parmi les nombreuses personnalités qui ont fait la gloire de la Pologne, l'astronome Nicolas Copernic, Fréderic Chopin, le grand danseur Vaslaw Nijinski, le pape Jean-Paul II, l'ancien président Lech Walesa...

## Production aéronautique

### PZL Panstwowe Zaklady Lotnicze
L'Office national de l'aéronautique polonais a construit des chasseurs et des bombardiers avant la Seconde Guerre mondiale. A partir de 1956 avec la production d'appareils soviétiques comme le Gawron une version du Yak 12.

### Osrodek Konstruckcji Lotniczych
La création remonte à 1957 pour la conception du Polish Institut. Le MD12 sera un quadrimoteur de travail aérien. Production du PZL-101, puis 104, version locale du Yak 12.

### Ukrovozdukhupt
Production à partir de 1923 des avions conçus par l'ingénieur Kalinin avec une aile elliptique. Le groupe comprenait l'Ukranian Air Transport, un acteur à l'époque pour le transport aérien.

## Personnalités

### Zwierzynski Jan
Il a été le dirigeant de LOT dans les années 1960.

### Zumbach Jan (1915-1986)
Après ses études, il s'engagea dans les forces aériennes polonaises alors qu'il était suisse en 1940. A la fin de la guerre il était à la tête de l'escadrille polonaise au sein de la RAF. Après le conflit il continuera à avoir des activités aéronautiques, parfois limites...

### Minorski Sergiusz
Directeur général de LOT dans les années 1950.

### Nagorski Jan (1888-1976)
Après des études classiques, il entra dans l'aviation en 1913. Il participa avec une équipe à la recherche d'une expédition conduite par Sedov dans l'Arctique et y effectua cinq vols du 21 août au 13 septembre 1915, sans réussir à retrouver l'expédition, il fut le premier pilote à survoler l'Arctique. Plus tard il sera le premier pilote à réussir un looping avec un hydravion !

## Les compagnies aériennes

### LOT
La Polskie Linie Lotnieze, connue sous le nom de LOT est la compagnie historique du pays, sa création ayant eu lieu en 1929. Elle avait exploité quelques lignes avant la Seconde Guerre mondiale. Après celle-ci, le pays a connu des périodes très difficiles et, dans les années 1960, l'activité commença à progresser. Avec des avions soviétiques, mais aussi anglais et même quelques Convair de fabrication américaine, elle desservira un réseau intérieur et une vingtaine de villes en Europe de l'Est et de l'Ouest, jusqu'aux années 1980. A partir des changements politiques fondamentaux de 1989, la LOT s'est développée en reliant la Pologne aux Etats-Unis, en particulier dans les régions où la communauté polonaise est fortement implantée, comme New York et Chicago, ainsi qu'à Toronto au Canada,

avec des Boeing 767. En 1997, une filiale pour les destinations courtes a été lancée sous le nom d'Eurolot, mais elle sera intégrée à LOT en 2015. Le gouvernement polonais souhaitait privatiser la compagnie et Turkish Airlines, pendant un temps, fut un partenaire possible. Pour l'instant la situation est inchangée. La flotte de la compagnie à la fin de 2019 comprend une quinzaine de Boeing 737 dont des Max, quinze Boeing 787, trente-cinq Embraer 170/195, des Bombardier Dash 8. Au total quatre-vingts appareils desservent les cent-trente escales du réseau de la LOT.

*Iliouchine Il-18 de la LOT*

**Enter Air**
Sa création a eu lieu le 25 avril 2010. C'est une compagnie proposant des vols charters vers plus de soixante-quinze escales, réparties entre les pays européens et le Kenya, Israël, le Sri Lanka, la Turquie. Elle est équipée d'une flotte de dix-neuf Boeing 737.

**Sprintair**
C'est une compagnie dont les débuts ont eu lieu en 2002 avec comme objectif les vols cargos, sous le nom d'Air Polonia Cargo. Elle assura aussi des vols passagers jusqu'en 2008 quand elle prit le nom de Sprintair. Elle a

une douzaine d'escales pour ses vols cargos qui sont reliées par six ATR 72 et douze Saab 340.

## Anciennes compagnies

### Centralwings
Ce fut une « low-cost », dont la création avait été assurée par la LOT, basée à Lodz qui exista entre 2004 et 2009. Elle comptait près de trente destinations que parcouraient ses neuf Boeing 737. Les résultats de l'activité low cost n'étant pas satisfaisants, une reconversion fut tentée en proposant des vols charters, mais ne fut pas non plus une réussite. L'arrêt de l'exploitation a été acté le 26 mars 2009.

### Yes Airways
C'était une compagnie qui a eu une vie très courte. Les opérations ont commencé en avril 2011 et se sont terminées en décembre 2011 suite à la fusion avec Olt, qui fera faillite l'année suivante.

## Les aéroports

Trafic des principaux aéroports de Pologne en 2019 :

| Rang | Villes | Passagers |
|---|---|---|
| 1 | Varsovie-Chopin | 18 857 000 |
| 2 | Cracovie | 8 410 000 |
| 3 | Gdansk | 5 316 000 |
| 4 | Katowice | 4 843 000 |
| 5 | Wroclaw | 3 548 000 |
| 6 | Varsovie-Modlin | 3 106 000 |
| 7 | Poznań | 2 379 000 |
| 8 | Rzeszów | 772 000 |
| 9 | Szczecin | 598 000 |
| 10 | Bydgoszcz | 357 000 |

Près de cinquante millions de voyageurs ont été enregistrés en 2019 sur les aéroports polonais.

**Varsovie**
C'est la capitale depuis 1596. Elle est située au bord de la Vistule, a connu une histoire difficile et souvent dramatique. Elle fut détruite à 85 % pendant la Seconde Guerre mondiale mais a réussi à se reconstruire pour devenir un centre économique, touristique et culturel important.

Varsovie dispose de deux aéroports :
- Varsovie-Frédéric Chopin : Il est situé à dix km au sud-ouest de la ville, a été inauguré en 1934. Il portait le nom de Okecie avant de prendre celui du grand musicien Frédéric Chopin en 2001. Il est utilisé par cinquante transporteurs aériens en particulier par la compagnie nationale LOT.

*Aéroport de Varsovie - Frédéric Chopin*

Trafic :

| Année | Passagers |
|---|---|
| 2010 | nc |
| 2012 | nc |
| 2014 | nc |
| 2016 | 12 836 000 |
| 2018 | 17 555 000 |

Il dispose de deux pistes de 2 800 et 3 600 m de longueur.

- <u>Varsovie Modlin :</u> Ouvert en 1937, l'aéroport a été utilisé par l'armée allemande. Après la guerre il a servi aux forces aériennes polonaises. L'aéroport ferma à la fin des années 1990. Il a rouvert en 2012 principalement pour les vols low cost en particulier ceux de Ryanair.

Trafic :

| Année | Passagers |
|---|---|
| 2010 | nc |
| 2012 | nc |
| 2014 | nc |
| 2016 | 2 860 000 |
| 2018 | 3 081 000 |

Il dispose d'une piste de 2 500 m de longueur.

## Gdansk

Le nom est apparu en l'an 997. L'arrivée des chevaliers teutoniques en 1308 actera la naissance de la ville sous le nom de Dantzig. Elle deviendra la capitale de la Prusse Orientale en 1919. Après la Seconde Guerre mondiale, redevenue polonaise, elle reprendra son nom de Gdansk. L'agglomération compte 1 100 000 habitants ce qui en fait la 6ème ville de Pologne. L'aéroport qui est localisé à douze km de la ville, porte le nom de Lech Walesa le syndicaliste qui devint président de la république polonaise. Douze compagnies desservent l'aéroport pour les passagers et quatre pour le fret.

Trafic :

| Année | Passagers |
|---|---|
| 2010 | 2 252 000 |
| 2012 | 2 906 000 |
| 2014 | 3 288 000 |
| 2016 | 4 010 000 |
| 2018 | 4 986 000 |

Une piste de 2 800 m de long est utilisée.

**Cracovie**
Située au bord de la Vistule, c'est la deuxième ville de Pologne dont l'agglomération comprend 1 500 000 habitants. Elle a une longue histoire et possède de nombreux sites classés. C'est la ville natale de Karol Wojtyla, le pape Jean Paul II. Son aéroport Cracovie-Balice porte le nom de Jean Paul II. Il est situé à onze km à l'ouest de la ville. C'est le deuxième de Pologne. Son activité civile a commencé en 1964, sur un terrain militaire. Il est desservi par vingt-sept compagnies.

Trafic :

| Année | Passagers |
|---|---|
| 2010 | 2 863 000 |
| 2012 | 3 439 000 |
| 2014 | 3 817 000 |
| 2016 | 4 983 000 |
| 2018 | 6 769 000 |

L'aéroport dispose d'une piste de 2 550 m de long. L'ancien aérodrome de Cracovie-Rakowice-Cryzyny est le siège du musée de l'air polonais.

**Katowice**
C'est une ville de 300 000 habitants dans une métropole qui en compte plus de deux millions. La ville a eu une histoire mouvementée en changeant plusieurs fois de nationalité. C'est un centre minier important. L'aéroport est à Pyrzowice à trente km de Katowice, fut une base allemande importante pendant la Seconde Guerre mondiale, servant de lieu de transit pour le ravitaillement des troupes du front de l'Est. Plusieurs pistes en dur furent construites, il reste une piste de 3 200 m. Après le conflit la base devint soviétique, puis polonaise. Le premier vol civil fut accueilli le 6 octobre 1966 et pour l'international il fallut attendre le 27 octobre 1993 avec un vol venant de Francfort. L'aéroport reçoit les vols de passagers de vingt-quatre compagnies et de neuf pour les vols cargos. En 2018 le nombre de passagers a dépassé pour la première fois les quatre millions.

Trafic :

| Année | Passagers |
|---|---|
| 2010 | 2 403 000 |
| 2012 | 2 550 000 |
| 2014 | 2 695 000 |
| 2016 | 3 221 000 |
| 2018 | 4 838 000 |

Un total de 18 000 tonnes de fret a été enregistré.

Principales destinations au départ de Katowice :

| Villes | Passagers |
|---|---|
| Londres | 575 000 |
| Dortmund | 260 000 |
| Antalaya | 216 000 |
| Eindhoven | 142 000 |
| Varsovie | 142 000 |

L'aéroport dispose d'une piste de 3 200 m de long.

**Wroclaw**
L'histoire de la ville remonte au Xème siècle. Elle connaitra les aléas des mouvements politiques. Devenue allemande sous le nom de Breslau, elle redeviendra polonaise et Wroclaw en 1945. La population de l'agglomération dépasse 1 200 000 habitants. La ville est traversée par l'Oder. L'aéroport porte le nom de l'astronome Nicolas Copernic depuis 1995. Il fut construit en 1938 par les allemands dans un but militaire. Après le conflit il sera un court moment une base soviétique. Il sera utilisé pour des vols intérieurs avant de s'ouvrir à l'international en 1993 avec les vols vers Francfort. Il est desservi par seize transporteurs aériens.

Trafic :

| Année | Passagers |
|---|---|
| 2010 | 1 654 000 |
| 2012 | 1 996 000 |
| 2014 | 2 083 000 |
| 2016 | 2 419 000 |
| 2018 | 3 346 000 |

L'aéroport dispose d'une piste de 2 500 m de long.

## Poznań

Ville de 550 000 habitants à 200 km à l'ouest de Varsovie. C'est une ville avec un long passé complexe, souvent marqué par l'expansionnisme prussien. Ce fut un évêché dès 968. L'aéroport qui porte le nom de Henryk Wieniawski, qui fut un compositeur et violoniste de talent au XIXème siècle, est situé à sept km à l'ouest de la ville. On relève le nombre de quatorze compagnies faisant escale.

Trafic :

| Année | Passagers |
|---|---|
| 2010 | 1 419 000 |
| 2012 | 1 596 000 |
| 2014 | 1 445 000 |
| 2016 | 1 710 000 |
| 2018 | 2 476 000 |

L'aéroport dispose d'une piste de 2 550 m de long.

## Rzeszow

C'est une ville du sud-est de la Pologne, dont la fondation remonte à 1354. Elle est située à cent km de la frontière avec l'Ukraine et à la même distance de la Slovaquie. L'agglomération a une population de 350 000 habitants. L'aéroport est Jasionka. Quelques vols eurent lieu à partir du 30 novembre 1945. L'aéroport fut amélioré à partir de 1949. En 2007, une liaison directe fut ouverte vers New York, faisant de Rzeszow la plus petite ville européenne reliée directement aux Etats-Unis. Cinq compagnies se posent sur l'aéroport.

Trafic :

| Année | Passagers |
|---|---|
| 2010 | 454 000 |
| 2012 | 564 000 |
| 2014 | 601 000 |
| 2016 | 664 000 |
| 2018 | 771 000 |

La piste en service fait 3 200 m de longueur, la deuxième de Pologne.

**Szczecin/Stettin**
La ville est située à proximité de la frontière avec l'Allemagne, proche de Berlin. C'est la septième ville de Pologne et le troisième port. L'aéroport Solidarity Szczecin-Golelow est situé à quarante-cinq km du centre. La construction a commencé en 1953. Les dessertes initiales étaient intérieures. Il reçoit les vols de neuf compagnies.

Trafic :

| Année | Passagers |
|---|---|
| 2010 | 262 000 |
| 2012 | 351 000 |
| 2014 | 287 000 |
| 2016 | 467 000 |
| 2018 | 598 000 |

La piste en service fait 2 500 m.

**Bydgoszcz**
La ville est à environ cent km au nord-ouest de Varsovie. Elle existe depuis 1346 et a porté le nom allemand de Bomberg. Son histoire a été marquée par les invasions allemandes et russes. La population est de 360 000 habitants. L'aéroport est situé à trois km du centre de la ville et porte le nom Ignacy Jan Paderewki qui fut à la fois un compositeur, un très grand

pianiste et un homme politique de premier plan, même un moment premier ministre. Il reçoit les vols de cinq compagnies. Le trafic est assez faible tenant compte de la proximité de la ville avec Varsovie.

Trafic :

| Année | Passagers |
|-------|-----------|
| 2010  | 278 000   |
| 2012  | 340 000   |
| 2014  | 289 000   |
| 2016  | 337 000   |
| 2018  | 413 000   |

Une piste de 2 500 m est utilisée.

**Lodz**

C'est la troisième ville de Pologne avec 680 000 habitants. Sa création remonterait à 1332. Son histoire lui a donné un important patrimoine. L'aéroport porte le nom de Wladyshaw Reynold (écrivain et prix Nobel). L'aéroport a été ouvert en 1925; étant située à une centaine de km de Varsovie, mais le trafic aérien n'est pas très important. Il reçoit des vols de Ryanair et Lufthansa. Il dispose d'une piste de 2 500 m de longueur.

**Olsztyn**

C'est une ville de 270 0000 habitants, qui est située dans le nord-est de la Pologne. C'est un centre économique et culturel important. Olsztyn Mazury Airport. Il est de nouveau opérationnel depuis 2016. Il bénéficie d'une gare qui le relie à la ville située à cinquante km. Quatre compagnies se posent régulièrement à Olsztyn. Le trafic est assez faible avec 130 000 passagers par an.

**Zielona**

C'est une ville de 140 0000 habitants qui est située à 150 km au nord-ouest de Wroclaw. L'aéroport dispose d'une piste de 3 100 m, un héritage de son activité militaire dans années 1950. Il a un trafic restreint avec environ 35 000 passagers par an.

# Tchéquie

La scission en 1993 de la Tchécoslovaquie a donné la Slovaquie et la république Tchèque. Celle-ci comprend pour l'essentiel la Bohême, la Moravie et une partie de la Silésie. La population est de 10 650 00 habitants pour une superficie de 78 870 km². Elle est bordée par l'Allemagne, la Pologne, l'Autriche et la Slovaquie. Elle est réputée pour ses nombreux châteaux et son riche patrimoine architectural et culturel qui attire de nombreux touristes.

## La production aéronautique

### Aero Tovarna Letadel
Petit constructeur basé à Prague qui produisit des biplans et monoplans avec deux ou quatre places à partir de 1919. La société assura la fabrication de l'Aero MB 200 sous licence de Marcel Bloch et un biplan doté de neuf places A35 à la fin des années 1920.

### Aero Vodochody Narodini
Société dont la création date de juillet 1953. Elle a produit des jets d'entrainement pour les pays du bloc communiste.

### Avia Akciova Spolecnost
Créée en 1919, la société sera reprise en 1925 par Skoda, en produisant des moteurs sous licence Hispano Suiza. Production d'avions légers avant la guerre puis trois modèles d'avions de transport Avia 51, 56 et 57. Après la Seconde Guerre mondiale, Avia reprendra une activité aéronautique importante en transformant des DC3 et produisant l'Avia 14.

Avia 14
C'était un bimoteur court-courrier pour trente passagers construit sous licence de l'appareil soviétique Iliouchine Il-14. Il avait fait son premier vol le 20 septembre 1950, avait été mis en service en 1954. Il était propulsé par deux moteurs Chvetsov de 1 900 CV lui donnant une vitesse de croisière de

360 km/h et un rayon d'action de 1 300 km. La production porta sur deux cents appareils surtout pour un usage militaire.

Plusieurs versions :
- Avia 14-24 transportant 24 passagers.
- Avia 14-32 transportant 32 passagers (fuselage allongé).
- Avia 14-42 transportant 42 passagers (version pressurisée).
- Avia 14-S pour le transport des VIP.
- Avia 14-T pour le fret.

**Ceskoslovenske Zavody Automobilove a Letecke Bnarodini Podnik**
Organisation qui, de la fin de la Seconde Guerre mondiale à 1955, a supervisé l'industrie aéronautique. Parmi les productions on peut retenir l'Aero 45 et son évolution l'Aero 145 qui a été produite à 590 exemplaires. C'était un petit bimoteur de transport pour quatre passagers. Il était doté de deux moteurs Avia 322 de 140 CV le propulsant à 250 km/h sur 1700 km.

**Evektor Aerotechnik**
Aerotechnik a été impliqué dans la fabrication d'avions légers depuis les années 1970. La base est située sur l'aérodrome de Kunovice.

**IV 55 Outback**
Ce bimoteur pour le transport de 14 à 18 passagers a fait son premier vol le 24 juin 2011. Il est propulsé par deux turbines Pratt & Whitney PT6A 21 de 535 CV lui assurant une vitesse maximale de 400 km/h et un rayon d'action de 1700 km. Il a été développé avec le soutien d'investisseurs de Malaisie. En 2017, le programme a été suspendu et l'avenir est incertain.

**LET**
Constructeur basé sur l'aéroport de Kunovice, fondé en 1936. La compagnie a développé surtout des avions légers. En 2005, sa reprise par PAMCO a fait changer sa dénomination pour Aircraft Industries.

Let L 410
Ce bi turbopropulseur court-courrier pour dix-neuf passagers, construit par Let Kunovice, a effectué son premier vol le 16 avril 1969 et fut mis en service en 1970. Il était doté de deux turbines General Electric 480-200 de 800 CV, puis des moteurs Walter M 601E. Ses performances lui permettaient d'atteindre une vitesse maximale de 405 km/h pour une distance franchissable de 1 040 km. La production a porté sur 1 200 appareils pour un usage civil et militaire.

**Zlin**
C'est un fabricant connu d'avions légers.

## Les personnalités

**Bouzek Jin**
Il fut le concepteur de l'Aero 45.

**Cihak Evzen (1885-1958)**
Il fut un des pionniers de l'aviation tchèque. Entre 1911 et 1914, il fit trente-trois vols et fut le passager de son cousin Jan Kaspar en 1910. Il mourut dans la misère.

**Jira Jiri**
Pilote tchèque, il fit le premier vol entre Prague et Londres le 4 octobre 1925.

**Karlik Josef**
Il a été dirigeant de CSA dans les années 1960.

**Kaspar Jan (1883-1927)**
Il avait fait des études en génie mécanique à Prague. Il fut fasciné par l'exploit de Louis Blériot en 1909, lui acheta un avion, qu'il équipa d'un moteur de sa conception et fit un vol de deux km le 16 avril 1910 à Pardubice. Il fonda une école de pilotage, mais ses avions furent saisis par l'Autriche avec le début de la guerre en 1914.

# Les compagnies aériennes

## CSA (Ceskoslovenské Aerolinie)

Elle avait commencé à assurer des vols en 1923, repris ses activités en 1945, avant d'être nationalisée en 1949. Elle a été dotée d'avions soviétiques Tu-104 dès 1957, Il-18, Il-14 qui desserviront les pays de l'Est, avant de venir dans les pays occidentaux à partir de 1960, ainsi qu'au Proche Orient. En 1962, elle se posait à la Havane, puis vola vers New York en 1970. Air France a eu une participation au capital entre 1992 et 1994. Elle prendra son nom actuel CSA Czech Airlines en 1995. Les résultats financiers n'étant pas satisfaisants, le gouvernement tenta une privatisation en 2009. Il faudra attendre 2013 pour voir l'arrivée de Korean Air qui prendra 44% du capital. En 2017, elle a été reprise par Smartwings, tout en conservant ses activités sous son nom. La compagnie dessert une quarantaine d'escales avec une flotte comprenant six Airbus 319 et six ATR 72.

*Iliouchine Il-62 de la CSA*

## Travel Service Airlines

C'est une entreprise privée qui a débuté ses activités aériennes en 2004. Elle utilise la marque Smartwings, pour la desserte d'un réseau construit pour relier une trentaine de pays au départ de Prague. Elle avait profité de l'arrêt de Sky Europe pour se renforcer et a repris CSA en 2017. Elle utilise une flotte comprenant vingt-sept Boeing 737 NG et sept Boeing 737 Max.

## Anciennes compagnies

### Air Ostrava
Création en 1994. Elle assura des vols vers Ostrava, Vienne, Nuremberg, Vérone... Pour desservir son réseau elle a utilisé différents types d'appareils comme des Fokker F28 ou des Bae ATP. Elle a cessé ses activités en 2008.

## Les aéroports

Trafic :

| Rang | Villes | Passagers |
|---|---|---|
| 1 | Prague | 15 415 000 |
| 2 | Brno | 470 000 |
| 3 | Ostrava | 320 000 |
| 4 | Karlovy Vary | 90 000 |
| 5 | Pardubice | 89 000 |

### Prague

Ruzyné-Vaclav Havel
La capitale de la Tchéquie est située au centre de la Bohême, elle a une population de 1 310 000 habitants. Implantée sur les bords de la Vltava, elle est réputée pour la richesse de son patrimoine architectural, qui attire chaque année un grand nombre de visiteurs. Son aéroport a été ouvert en 1937 et modernisé en 1990. Il portait le nom de Ruzyné et a été rebaptisé Vaclav Havel le 5 octobre 2012, du nom de l'ancien président de la République. Plus de soixante-dix compagnies desservent l'aéroport pour les passagers et huit pour le fret. Le trafic fret est d'environ 80 000 tonnes.

Trafic :

| Année | Passagers |
|---|---|
| 2010 | 11 557 000 |
| 2012 | 10 808 000 |
| 2014 | 11 250 000 |
| 2016 | 13 075 000 |
| 2018 | 15 515 000 |

Principales destinations en 2017 au départ de Prague :

| Villes | Passagers |
|---|---|
| Amsterdam | 759 000 |
| Paris CDG | 740 000 |
| Moscou | 696 000 |
| Francfort | 527 000 |
| Dubaï | 469 000 |

Pour 2019, le trafic a porté sur 17 804 000 de voyageurs. L'aéroport dispose de trois pistes de 2 100 à 3 700 m.

Prague-Kebly
Il avait été mis en service en 1918 et servit comme aéroport commercial pour Prague jusqu'en 1937, date de l'ouverture de Ruzyné. Il a été utilisé ensuite par l'Armée, est devenu l'aéroport pour les avions privés et les vols pour les VIP. C'est le siège du musée de l'air tchèque.

**Brno**
La grande ville de la Moravie du sud-est, compte 380 000 habitants. Elle est située à 185 km au sud-est de Prague, 110 km au nord de Vienne et 120 km de Bratislava. Parmi les personnalités nées dans la ville, l'écrivain Milan Kundera. L'aéroport de Turany est situé à sept km de la ville, il a été ouvert en 1954 pour les militaires, en remplacement de Slatira et conserva cet usage pratiquement jusqu'en 1989. Les activités civiles commencèrent en 1958 et furent suspendues entre 1982 et 1992. Il reçoit les vols de cinq compagnies pour les passagers et deux pour les marchandises avec un trafic assez faible inférieur à 5 000 tonnes.

Trafic :

| Année | Passagers |
|---|---|
| 2010 | 396 000 |
| 2012 | 534 000 |
| 2014 | 481 000 |
| 2016 | 477 000 |
| 2018 | 501 000 |

Il dispose d'une piste de 2 650 m.

**Ostrava**

Située à dix km de la frontière polonaise, Ostrava est à 280 km à l'est de Prague. La ville qui est la capitale de la Moravie-Silésie a une population de 290 000 habitants. Son développement a été assuré par les riches gisements de charbon. Parmi des natifs de la ville, deux célébrités l'écrivain Artur London et le joueur de tennis Ivan Lendl. L'aéroport porte nom du musicien Leos Janacek. Il ne reçoit les vols que de Ryanair, Smartwings et pour le fret DHL.

Trafic :

| Année | Passagers |
|---|---|
| 2010 | 270 000 |
| 2012 | nc |
| 2014 | 257 000 |
| 2016 | 258 000 |
| 2018 | 300 000 |

En 2019, l'aéroport a été fréquenté par 323 000 passagers. Il est doté d'une piste de 3 500 m de longueur.

**Karlovy Vary (Karlsbad)**

C'est une station thermale très connue, dont la découverte remonte à 1336 sous le roi Charles IV. Elle est appréciée pour ses eaux chaudes et fut très à la mode à la fin du XIXème. Parmi les visiteurs célèbres, Chopin, Liszt, Grieg, Clemenceau... La ville est à 115 km de Prague. La population est de

50 000 habitants. Son aéroport fut ouvert après la Première Guerre mondiale et équipé d'une piste en dur en 1952.

Trafic :

| Année | Passagers |
|---|---|
| 2010 | 70 000 |
| 2012 | 103 000 |
| 2014 | 85 000 |
| 2016 | 25 000 |
| 2018 | 45 000 |

En 2019, le trafic a légèrement repris avec 62 000 passagers. Le principal utilisateur est la compagnie russe Podeba. L'aéroport dispose d'une piste de 2 100 m de longueur.

**Pardubice**
Ville ancienne datant de 1295, son premier évêque fut Arnost de Pardubice. La ville est célèbre pour son pain d'épices ! L'aéroport est à usage mixte civil et militaire. Pendant la guerre il fut utilisé comme centre d'entrainement par l'aviation allemande et détruit par des bombardements. Sa reconstruction sur un nouveau site commença en 1948 a fait l'objet d'une rénovation en 2017. Il est desservi par quatre transporteurs qui ont représenté près de 150 000 passagers en 2018. Une piste de 2 500 m de longueur est en service.

# Slovaquie

Elle a fait partie de la Tchécoslovaquie du 25 octobre 1918 jusqu'au 21 mars 1939. Puis à nouveau du 4 avril 1945 au 31 décembre 1992, date à laquelle elle a pris son indépendance. Sa superficie est de 49 305 km², elle est bordée par l'Autriche, la Hongrie, l'Ukraine, la Pologne et la Tchéquie. La population est 5,5 millions d'habitants.

## Les compagnies aériennes

### Smarwings Slovakia
C'est une création du groupe tchèque Travel Service qui a formé la compagnie en 2010 pour assurer des vols charters vers des destinations loisirs avec un Boeing 737 -800.

## Anciennes compagnies

### Slovakia Airlines
Création en 1995, avec le début des opérations en 1998. Austrian Airlines avait pris une participation majoritaire en 2005, mais elle se retira devant les problèmes financiers et, en 2007, la compagnie fut mise en faillite. Elle exploitait à ce moment deux lignes régulières vers Bruxelles et Moscou ainsi que des vols charters vers une vingtaine de villes. Elle utilisait deux Boeing 737 et un Fokker 100.

### Sky Europe
Sky Europe avait été lancée comme compagnie low cost au départ de Bratislava en février 2002. Elle se développa rapidement, fut inscrite à la bourse de Vienne. Elle avait trente villes dans son réseau, situées dix-sept pays que visitaient treize Boeing 737. Elle arrêta son exploitation le 1er septembre 2009 en raison de gros problèmes financiers.

### Air Slovakia

Sa création eut lieu en 1993 avec le début des vols en 1994. Un grand nombre vols charters ont été réalisés et quelques vols réguliers vers Bergame, Barcelone, Birmingham étaient proposés. A l'arrêt de l'exploitation en 2010, elle avait en service quatre Boeing 737 et un Boeing 757.

### Seagle Air

Compagnie dont la création date de 1995 comme école de pilotage. Elle assura en plus des vols VIP puis, en 2007, elle proposa des vols charters au moyen de deux Airbus 320 et quatre Boeing 737-300. Elle fut contrainte de stopper ses activités en 2009.

## Les aéroports

### Bratislava

La capitale de la Slovaquie fut connue longtemps sous le nom de Pressburg. La ville est en bordure du Danube, proche de Vienne (55 km) et de Budapest (160 km). Sa population est de 430 000 habitants. L'aéroport Rastilav Stefanik porte le nom d'un général mort dans un accident d'avion en 1919. Il est situé à neuf km au nord-est de la ville. Un premier vol commercial eut lieu en 1923 sur un ancien terrain. L'aéroport actuel a été construit entre 1948 et 1950, il reçoit les vols de huit compagnies. Etant situé à moins de cinquante km de l'aéroport de Vienne en Autriche, il est utilisé pour des vols bons marchés pour les voyageurs se rendant en Autriche. Les principales destinations sont Londres, Dublin, Kiev.

Trafic :

| Année | Passagers |
|---|---|
| 2010 | 1 665 000 |
| 2012 | 1 416 000 |
| 2014 | 1 355 000 |
| 2016 | 1 756 000 |
| 2018 | 2 292 000 |

En 2019 l'aéroport a été fréquenté par 2 290 000 passagers. L'aéroport dispose de deux pistes de 2 900/3 100 m de longueur.

**Kosice**
L'histoire de la ville remonte à 1230, ce qui a conduit à un certain nombre de changements de nom comme Kassa, Cassa, Caschovia. Son centre-ville est réputé pour son patrimoine varié et attractif. La population est 210 000 habitants qui vivent au bord de la Hamad. La ville est située à quatre cents km à l'est de Bratislava et à vingt km de la frontière hongroise. L'aéroport est situé à six km du centre-ville. Sa construction a débuté en 1950 et les premiers vols vers Bratislava ont débuté en 1955. Une dizaine de transporteurs se posent à Kosice.

Trafic :

| Année | Passagers |
|-------|-----------|
| 2010  | 266 000   |
| 2012  | 235 000   |
| 2014  | 356 000   |
| 2016  | 436 000   |
| 2018  | 542 000   |

En 2019, l'aéroport a été fréquenté par 558 000 passagers. L'aéroport dispose d'une piste de 3 100 m de longueur.

**Poprad Tatry**
C'est une ville du nord de la Slovaquie située au pied des Tatras avec une population de 50 000 habitants. L'aéroport est desservi par trois compagnies, surtout pour la clientèle des sports d'hiver. Il est à 738 m d'altitude ce qui en fait un des aéroports les plus élevés d'Europe.

Trafic :

| Année | Passagers |
|---|---|
| 2010 | nc |
| 2012 | nc |
| 2014 | 32 000 |
| 2016 | 84 000 |
| 2018 | 88 000 |

L'aéroport dispose d'une piste de 2 600 m de longueur.

# Roumanie

Pays de l'Europe centrale, qui a comme éléments importants la mer Noire, le Danube et les Carpates. Ce fut une monarchie constitutionnelle au XIXème siècle, puis avec la Seconde Guerre mondiale elle a eu un régime fasciste, puis pendant quarante-cinq ans un régime communiste. Le pays a une population de 19 500 000 habitants pour une superficie de 238 397 km².

## La production aéronautique

Elle représentait en 2017 un chiffre d'affaires de 318 millions d'euros.

### Industria Aeronautica Romana
Création en 1925 près de Brasov. Elle a produit de nombreux appareils dont certains sous licence comme le Potez 25 et le Nardi FN 325, ainsi que des hélicoptères.

### Centrala Industriala Aeronautica Romana
C'est l'organisme qui a pris en charge la production aéronautique en Roumanie en 1968. A cette époque deux structures Irma à Bucarest et ICA à Brasov :
- IRA Regia Autonoma Indusria Aeronautica Romania
- ICA Intreprindera de Constructh Aeronaitice

### Interprindera de Repaat Material Aeronautice (Irma)
Elle a produit le BN « Islander » sous licence. Elle est devenue Romaero, localisée à Bucarest-Banesa. Romaero a assuré la fabrication du RomBac 111 sous licence de la British Aircraft Corporation après un accord passé par le président Nicolas Ceauscu en 1979. Le projet était de produire quatre-vingts BAC 111, propulsé par des réacteurs Spey. Seulement neuf appareils ont été fabriqués pour la compagnie Tarom, le dernier ayant été livré en octobre 1989.

# Les personnalités

### Balaur Dimitriu
Ce général fut le directeur général de Tarom dans les années 1960.

### Bibescu Georges (1880-1941)
Cet aristocrate fera des vols en ballon avant de venir à l'école de Louis Blériot en France. Il aura une brillante carrière aéronautique qui le conduira à la présidence de la Fédération Aéronautique Internationale de 1930 à 1941.

### Coanda Henri Marie (1886-1972)
Ce grand ingénieur était fils d'un général, qui fut aussi ministre, et d'une mère d'origine française. A la fin de ses études, il suivit les cours de Sup Aéro en France. Il eut une grande importance dans l'étude des fluides, avec l'effet « Coanda ». Il a conçu dès 1910 un avion à réaction, avec le soutien de Gustave Eiffel.

### Vlaicu Aurel (1882-1913)
Ce brillant ingénieur a été diplômé de l'institut polytechnique de Budapest et de l'Université de Munich. Il a conçu deux avions avec des progrès techniques significatifs. Il mourut en voulant survoler les Carpates.

### Vuia Traian (1872-1950)
Il fut un pionnier de l'aviation qui réalisa quelques appareils, vint faire des vols en France et inspira Santos-Dumont. Il fit voler son premier avion en 1906.

# Les compagnies aériennes

### Tarom
Les origines remontent à 1920 avec la CFRNA (Compagnie Franco-Roumaine de Navigation Aérienne) qui travaillait sur la liaison vers Paris en utilisant des Potez 25. Elle ouvrit quelques lignes intérieures en 1925. Elle deviendra LARES (Liniile Aeriene Romane Exploitate de Starf). Après

la guerre, les activités de la compagnie soviéto-roumaine TARS ont débuté en 1945. Elles seront reprises en 1954 par Tarom (Transporturile Aeriene Romine) qui a commencé ses activités par des liaisons vers les pays de l'Est, puis lancera des vols vers l'Europe de l'Ouest avec des Il-14 puis des Il-18. L'évolution politique des années 1990 a permis à Tarom de se développer et de renouveler ses équipements, avec des Airbus 318 et des Boeing 737, ainsi que des ATR 42 et 72 pour les vols régionaux. Tarom avait commencé à assurer des liaisons vers New York, dès 1974 avec un Boeing 707, puis développa fortement ses lignes à partir des années 1990, vers Chicago, Delhi, Calcutta, Bangkok, Pékin. Mais la situation financière se dégradant, les ambitions de Tarom furent ramenées à des vols en Europe et quelques-uns vers le Proche Orient, en particulier vers l'Egypte, le Liban et la Turquie. Elle est membre de l'Alliance Skyteam depuis 2010. La flotte comprend onze ATR 42/72, quatre Airbus 318 et douze Boeing 737 qui font escale dans une cinquantaine de villes.

**Air Bucharest**
Compagnie assurant des vols charters en Europe et au Proche Orient. Elle dispose d'un Boeing 737-300. Avec l'épidémie de coronavirus son avenir est incertain en 2020.

**Blue Air**
C'est une création totalement privée, datant du 19 décembre 2004, pour un transport aérien roumain bon marché et de qualité. Une restructuration a eu lieu dans les années 2010. Blue Air utilise, vingt-deux avions du type Boeing 737, qui desservent une quarantaine de villes qui vont de Dublin à Larnaca et de Lisbonne à Stockholm, ainsi que six villes roumaines.

**Carpatair**
Création en 1999 avec pour base Timisoara. Elle desservait en 2013 une quinzaine de villes avec trois Fokker 100. Elle a été en partenariat avec Alitalia. En 2020, elle n'est pas opérationnelle.

## Anciennes compagnies

### Angel Airlines
La vie de la compagnie fut courte, de 2001 à 2004. Elle a effectué des vols intérieurs en Roumanie vers les principales villes au départ de l'aéroport de Bucarest-Baneasa en utilisant deux HP Jetstream.

### JeTranAir
Compagnie dont la création remonte à 2005. Elle assurait des vols charters au moyen de cinq MD 82/83. Elle a suspendu ses opérations en 2008. Celles-ci ont été reprises en 2019 sous forme de location d'avions MD 83 avec ou sans équipage.

### Romavia
Compagnie gouvernementale dont la création date de 1991. Elle assura de nombreux vols charters et VIP. Elle a eu dans sa flotte deux BAC 111 produit en Roumanie. En 2009, au moment de sa mise en faillite, elle utilisait trois Bae 146.

### Ten Airways
Création en 2009, sur la base des actifs de JeTranAir en difficultés. Elle termina ses vols en 2015 alors qu'elle disposait de trois MD82 et trois MD83

## Les aéroports

Les principaux aéroports de Roumanie en 2019 :

| Rang | Villes | Passagers |
|---|---|---|
| 1 | Bucarest | 14 697 000 |
| 2 | Cluj-Napoca | 2 921 000 |
| 3 | Timisoara | 1 595 000 |
| 4 | Iasi | 1 319 000 |
| 5 | Sibiu | 729 000 |
| 6 | Craiova | 514 000 |
| 7 | Bacau | 468 000 |
| 8 | Suceava | 430 000 |
| 9 | Targu Mares | 180 000 |
| 10 | Constanta | 127 000 |

**Bucarest**

Son origine remonte à 1459. Elle deviendra la capitale de la Roumanie en 1859. A la fin du XIXème siècle elle était surnommée « le petit Paris des Balkans », par l'élégance des femmes, la qualité de l'architecture, la pratique du français. Sa population s'élève à 1 900 000 habitants.

Bucarest dispose de deux aéroports :
- <u>Bucarest-Otopeni Henri Coanda</u> est localisé à 17 km au nord de la ville. Ce fut une base militaire allemande pendant la Seconde Guerre mondiale. Après celle-ci, ce sont les forces armées roumaines qui ont pris le contrôle du terrain. En 1965, l'aéroport de Baneasa étant devenu trop petit, Otopeni fut développé pour devenir la première plateforme de Bucarest. C'est en septembre 2014 que l'aéroport a pris le nom du grand ingénieur hongrois Henri Coanda. Plus de quarante transporteurs se posent à Bucarest pour les passagers plus trois transporteurs pour le fret. Les principales compagnies utilisatrices sont Tarom, Blue Air et Wizzair.

Trafic :

| Année | Passagers |
|---|---|
| 2010 | 4 916 000 |
| 2012 | 7 120 000 |
| 2014 | 8 316 000 |
| 2016 | 10 982 000 |
| 2018 | 13 824 000 |

Pour 2019, le trafic a porté sur 14 697 000 de voyageurs. Il dispose de deux pistes de 3 500 m de longueur.

- <u>Bucarest-Baneasa Aurel Vlaicu.</u> C'est le plus ancien aéroport de Roumanie et de l'Europe de l'Est, les premiers vols datant de 1912. Il fut utilisé par la compagnie franco-roumaine au début des années 1920 pour des vols vers Paris. Il est situé à huit km au nord de la ville. Il resta l'aéroport de Bucarest jusqu'en 1968 et fut remplacé par l'inauguration d'Otopeni. Avec l'arrivée des compagnies low cost, il a repris de l'activité. En 2011 il a enregistré 2 400 00 passagers. La conversion en aéroport uniquement pour les vols affaires a fait retomber le chiffre à 13 000 voyageurs. L'aéroport est doté d'une piste de 3 100 m de longueur.

**Cluj-Napoca**
Ville de Transylvanie avec une population d'environ 350 000 habitants. Son histoire, qui remonte à 1167, a été très compliquée en raison de sa position au centre de l'Europe, qui en a fait un lieu de passage de nombreuses invasions. Son patrimoine est malgré tout très riche. L'aéroport est situé à neuf km à l'est de la ville, sa création remontant à 1932 et le premier vol avec des passagers à septembre 1933. Il est desservi par seize compagnies pour les passagers et quatre pour le fret.

Trafic :

| Année | Passagers |
|---|---|
| 2010 | 1 028 000 |
| 2012 | 1 004 000 |
| 2014 | 1 182 000 |
| 2016 | 1 880 000 |
| 2018 | 2 872 000 |

Pour 2019, le trafic a porté sur 2 921 000 de voyageurs. La piste en service mesure 3 500 m.

**Timisoara**

C'est une ville de l'ouest de la Roumanie qui est proche des frontières avec la Serbie et la Hongrie. Elle remonte au Xème siècle, fut ottomane de 1552 à 1716. Son nom reste associé à une énorme manipulation médiatique au début des années 1990, avec un charnier imaginaire de plus de 4 000 morts. La ville a population d'environ 340 000 habitants. L'aéroport est situé à onze km de la ville. Il porte le nom de Traian Uvia un pionnier de l'aviation. Il est relié par une dizaine de compagnies, dont la principale est Wizzair.

Trafic :

| Année | Passagers |
|---|---|
| 2010 | 1 120 000 |
| 2012 | 1 039 000 |
| 2014 | 735 000 |
| 2016 | 1 161 000 |
| 2018 | 1 517 000 |

Pour 2019, le trafic a porté sur 1 595 000 de voyageurs. Il dispose d'une piste de 3 500 m de longueur.

**Iasi**

Ville située tout à l'Est de la Roumanie, à deux cents km de Bucarest, à proximité de la frontière avec la Moldavie. Sa population est de 375 000 habitants. Elle a vécu des moments très difficiles pendant et après la

Seconde Guerre mondiale avec de nombreux massacres. L'aéroport est à huit km du centre-ville. Il a été ouvert en 1926 avec une liaison vers Chisinau par la compagnie Internationale de Navigation Aérienne. Une piste en dur fut construite en 1966. Il est régulièrement l'objet de travaux d'amélioration.

Trafic :

| Année | Passagers |
|---|---|
| 2010 | 159 000 |
| 2012 | 173 000 |
| 2014 | 273 000 |
| 2016 | 881 000 |
| 2018 | 1 256 000 |

Pour 2019 le trafic a porté sur 1 314 000 de voyageurs. La piste actuellement en service fait 2 400 m.

**Sibiu**
C'est une ville importante de Transylvanie avec une population de 190 000 habitants, située à 260 km au nord-ouest de Bucarest. La vieille ville est une des plus idylliques d'Europe. L'aéroport est situé à trois km à l'ouest du centre de la ville. Il reçoit les vols d'une demi-douzaine de transporteurs.

Trafic :

| Année | Passagers |
|---|---|
| 2010 | 198 000 |
| 2012 | 176 000 |
| 2014 | 215 000 |
| 2016 | 366 000 |
| 2018 | 662 000 |

Principales destinations au départ de Sibiu :

| Villes | Passagers |
|---|---|
| Munich | 164 000 |
| Londres | 75 000 |
| Stuttgart | 57 000 |

Pour 2019, le trafic a porté sur 729 000 de voyageurs. Il dispose d'une piste de 2 600 m de longueur.

**Craiova**

Ville située à 180 km à l'ouest de Bucarest. Sa population est de 270 000 habitants. Elle a été au cours de l'histoire sur le chemin de nombreuses invasions... L'aéroport est situé à sept km du centre de la ville de Craiova. Il a été rénové en 2010. C'est une base importante pour Wizzair. Les principales destinations sont Londres et Bergame.

Trafic :

| Année | Passagers |
|---|---|
| 2010 | 24 000 |
| 2012 | 29 000 |
| 2014 | 138 000 |
| 2016 | 222 000 |
| 2018 | 493 000 |

Pour 2019, le trafic a porté sur 514 000 de voyageurs. Il dispose d'une piste de 2 500 m de longueur.

**Bacau**

C'est une ville de 150 000 habitants au nord-est de la Roumanie, à proximité des Carpates. Son histoire remonte au XIVème siècle. L'aéroport porte le nom du grand musicien Georges Enescu. Il est à usage mixte civil et militaire a été mis en service en 1945, amélioré en 1970. Une nouvelle aérogare a été inaugurée en 2017. Le principal opérateur est la compagnie Blue Air.

Trafic :

| Année | Passagers |
|---|---|
| 2010 | 240 000 |
| 2012 | 393 000 |
| 2014 | 313 000 |
| 2016 | 414 000 |
| 2018 | 447 000 |

Il dispose d'une piste de 2 500 m de longueur.

**Suceava**

C'est une ville du nord-est de la Roumanie, à 430 km de Bucarest. Sa population s'élève à 120 000 habitants. Son histoire comme beaucoup de villes de la région fut agitée. C'est devenu un centre touristique important. L'aéroport a été ouvert en 1962 et a été doté d'une piste en dur en 1963. C'est une escale pour quatre compagnies dont la principale est Wizzair.

Trafic :

| Année | Passagers |
|---|---|
| 2010 | 240 000 |
| 2012 | 393 000 |
| 2014 | 313 000 |
| 2016 | 414 000 |
| 2018 | 447 000 |

Il dispose d'une piste de 2 400 m de longueur.

**Targu Mares**

Située au centre de la Transylvanie à 350 km au nord-ouest de Bucarest et 105 km de Cluj. La ville fut hongroise au XIXème siècle et rattachée à la Roumanie en 1920. Sa population est de 140 000 habitants dont la moitié est d'origine hongroise. Le premier aéroport de la ville, Targu Mures Transilvania, était situé à quatre km de la ville et fut mis en service jusqu'en 1969. Il a été remplacé par l'aéroport actuel qui est à quinze km au sud-ouest. Une importante rénovation des installations et de la piste en

2017-2018 a diminué le trafic. Le principal utilisateur est Wizzair et quelques compagnies charters assurent des vols saisonniers.

Trafic :

| Année | Passagers |
|---|---|
| 2010 | 74 000 |
| 2012 | 300 000 |
| 2014 | 343 000 |
| 2016 | 287 000 |
| 2018 | 63 000 |

Il dispose d'une piste de 2 000 m de longueur.

**Constanta**

C'est la deuxième ville de Roumanie et un port sur la mer Noire. La population totale est de 450 000 habitants. Son aéroport est Mikail Kogalniceanu (ancien premier ministre). Il est situé à vingt km au nord de la ville. Sa construction à usage militaire a commencé en 1952. Les avions civils sont apparus en 1961. Il est toujours à usage mixte civil et militaire.

Trafic :

| Année | Passagers |
|---|---|
| 2010 | 75 000 |
| 2012 | 95 000 |
| 2014 | 37 000 |
| 2016 | 95 000 |
| 2018 | 130 000 |

Il dispose d'une piste de 3 650 m de longueur, héritage de son activité militaire.

# La Hongrie

Cette république du centre de l'Europe a une histoire ancienne qui date du IXème siècle. Après de nombreux bouleversements, elle fit partie de l'empire austro-hongrois jusqu'en 1918. Après l'ouverture à l'Europe, c'est un pays qui a un rôle important en raison de sa position centrale. La superficie est de 93 028 km² et la population est de 9 770 000 habitants. La Hongrie a eu de nombreuses personnalités qui ont fait son histoire et sa gloire, comme Arthur Koestler, Bela Bartok, Franz Liszt, Franz Lehar, Vasarely...

## Les compagnies aériennes

**Wizzair**
Création en septembre 2003 par Indigo Partners, un fonds de placement d'origine américaine. Le groupe avait pour ambition de s'imposer dans le marché européen du low cost, face à Ryanair et EasyJet. Le premier vol a eu lieu le 19 mai 2004. A la fin de 2019, Wizzair a un réseau très dense dans le centre de l'Europe avec quinze bases. Il est exploité au moyen d'une flotte de 119 Airbus (72 A320 et 47 A321). Une filiale Wizzair UK a été mise en place pour tenir compte du départ du Royaume Uni de l'Union Européenne.

## Anciennes compagnies

**Malev (Magyar Légiközlekedési Vallalat)**
Elle avait été fondée en 1946 avec le soutien des soviétiques. En 1954, elle deviendra purement hongroise et assura des vols en Europe, y compris vers l'Ouest, avec des Il-18, Il-14 initialement. Avec la libéralisation de l'économie et l'ouverture politique de la Hongrie, Malev s'est développée, remplaçant ses avions soviétiques par dix-sept Boeing 737, qui seront déployés sur un large réseau en Europe et au Proche Orient. En 2007, la compagnie a été privatisée. Mais dès 2008, la concurrence des low-cost, Wizzair et Ryanair notamment, va plonger Malev dans la tourmente. En

2010, la compagnie sera renationalisée et, malgré les efforts du gouvernement, la compagnie arrêta ses activités en février 2012, après soixante-six ans d'existence. Un projet de relance sous le nom de Solyon Hungarian Airways avait été lancé en 2013, mais a échoué.

*Lisunov Li-2T de la Malev*

*Iliouchine Il-14*

**Cityline Hungary**
Compagnie qui a proposé à partir de sa création en 2003 des vols cargos au moyen de deux An 26 et des vols passagers avec un Fairchild Metro III. Elle a cessé ses activités en 2015.

## Les aéroports

Le trafic est fortement concentré sur la capitale Budapest. Chiffres de 2018 :

| Rang | Villes | Passagers |
|---|---|---|
| 1 | Budapest | 14 867 000 |
| 2 | Debrecen | 381 000 |
| 3 | Nyíregyháza | 29 000 |

**Budapest**
Capitale et principale ville de Hongrie avec environ 1,8 million d'habitants. Vers 1500, deux petites villes Buda et Pest étaient séparées par le Danube. En 1872, la fusion donna le nom de Budapest, ville réputée par la richesse de son patrimoine et attirant de nombreux touristes. L'aéroport Ferihegy-Ferenc Liszt (Franz Liszt) est situé seize km du centre-ville. Sa construction a débuté en 1940 et, avec le conflit, fut détruit à la fin de la guerre. Sa reconstruction a commencé en 1947 et le trafic a progressé doucement pour arriver à un million de passagers en 1974. Il est très fréquenté puisque cinquante-deux compagnies pour les passagers et quinze pour les marchandises se posent sur l'aéroport. Les deux principales étant Wizzair et Ryanair.

Trafic :

| Année | Passagers |
|---|---|
| 2010 | 8 190 000 |
| 2012 | 8 504 000 |
| 2014 | 9 155 000 |
| 2016 | 11 441 000 |
| 2018 | 14 867 000 |

Principales destinations au départ de Budapest en 2019 :

| Villes | Passagers |
|---|---|
| Francfort | 725 000 |
| Londres-Luton | 568 000 |
| Tel Aviv | 508 000 |
| Paris-CDG | 487 000 |
| Amsterdam | 454 000 |

Il dispose de deux pistes de 3 000 et 3 700 m de longueur.

**Debrecen**
C'est la deuxième ville de Hongrie avec 200 000 habitants située à 220 kms à l'est de Budapest. Un peu isolé au milieu d'une immense plaine, son développement viendra avec la venue du chemin de fer. L'indépendance de la Hongrie fut proclamée à Debrecen par Janos Kossuth en 1849. L'histoire continua ses errements et la ville fut détruite en 1944. A ce moment Debrecen fut de nouveau la capitale de la Hongrie pendant une courte période. Les activités de son aéroport ont commencé dans les années 1930. Il fut une base de bombardiers pendant la Seconde Guerre mondiale. Les soviétiques abandonnèrent le terrain en 1991. En 1994, la ville de Debrecen relança le projet d'un aéroport civil. Une demi-douzaine de compagnies se posent sur la plateforme, la principale étant Wizzair.

Trafic :

| Année | Passagers |
|---|---|
| 2010 | 25 000 |
| 2012 | 48 000 |
| 2014 | 145 000 |
| 2016 | 284 000 |
| 2018 | 381 000 |

Il dispose d'une piste de 2 500m de longueur.

**Nyiregyhaza**
C'est une ville industrielle à l'est de la Hongrie à soixante-dix km de la Slovaquie, de la Roumanie et de l'Ukraine, la population est de 120 000 habitants. L'aéroport est assez peu utilisé car il ne dispose que d'une piste courte de 1 000 m et reçoit environ 35 000 voyageurs par an.

**Heviz-Balaton**
C'est une petite ville qui dispose de sources chaudes qui sont exploitées depuis plus de deux cents ans. Elle est située à cinq km du lac Balaton, une des perles de la Hongrie avec une longueur de près de quatre-vingts km et une largeur de quinze km. Son aéroport est une ancienne base militaire. Son exploitation a été perturbée pendant plusieurs années par des problèmes juridiques. Depuis 2016, la situation est stabilisée, quatre compagnies se posent régulièrement, mais le trafic est faible, de l'ordre 40 000 passagers par an. L'aéroport dispose d'une piste de 2 500 m construite par les soviétiques.

# Bulgarie

Ce pays a appartenu au bloc communiste à partir de 1946, il est situé au sud-est de l'Europe et est indépendant depuis 1991. La Bulgarie est bordée sur 350 km par la mer Noire et par la Turquie, la Grèce, la Macédoine du Nord, la Serbie, la Roumanie. La Bulgarie a une superficie de 110 944 km² et une population de sept millions d'habitants.

## Production aéronautique

### Darjavna Aeroplana Rabotilnitza
Située à Sofia, elle produisit quelques appareils notamment en 1932, le DAR-4 un trimoteur de transport pour huit passagers.

### Lazarow Cwietan
A partir de 1946, l'entreprise a entrepris de construire le Laz 8, qui était un appareil pour le transport de quatre personnes. Elle cessa ses activités en 1961.

## Les personnalités

### Beloukhov Lazar
Il fut le responsable de la compagnie aérienne Tabso dans les années 1960.

## Les compagnies aériennes

### Alk Airlines
C'est une compagnie charter qui est apparue en 2016. Elle exploite quatre appareils, deux MD 82 et deux 737-500. Les vols vont surtout vers l'Egypte, l'Italie, l'Espagne...

**Balkan Holidays Airlines**
Compagnie spécialisée dans les vols charters qui existe depuis 2001. Elle exploite une flotte de cinq Airbus 320.

**Bulgaria Air**
Créée en 2002 par une reprise partielle de la compagnie nationale Tabso et une privatisation en 2006. Elle intégra les réseaux de Hemus Air son actionnaire et Viaggo Air. Elle exploite une flotte de cinq Airbus 319/320 et quatre Embraer 190.

**Bulgaria Air Charter**
La compagnie a été créée pendant l'année 2000. Elle assure de nombreux vols à la demande à travers l'Europe principalement au départ de ses bases de Bourgas et Varna. Elle se pose sur les aéroports de soixante-dix villes, dont dix-sept en Allemagne, Italie, Pologne et Suisse. Sa flotte comprenait en 2019 six Airbus 320 et neuf MD 82.

**Electra Airways**
C'est une compagnie qui assure des vols charters ainsi que des locations d'appareils avec équipages. Elle dispose de deux Airbus 320 et deux Boeing 737-400.

**Fly2Sky Airlines**
Création en février 2017 sous le nom de Via Airways avec comme base Varna. Elle dispose de deux Airbus 320 pour assurer des vols charters

**Holidays Airlines**
Création en 2019 avec la participation de la compagnie turque Onur Air qui détient 49% du capital. L'activité est basée sur des vols charters vers une quinzaine de destinations, vols assurés au moyen de deux Airbus 321.

## Anciennes compagnies

### Hemus Air
Création en 1991, avec un développement qui conduira en 2007 à la reprise de Viaggio Air, puis Bulgaria Air, et qui sera la marque du regroupement en 2010. Au jour d'aujourd'hui, la flotte en service comprenait deux Airbus 319, six Bae 146, un ATR42.

### Tabso (Bulgarian Civil Air Transport)
La compagnie a été une création en 1949 du gouvernement bulgare et de l'URSS, ce dernier pays se retirant en 1954. Elle exploitait des lignes intérieures et quelques vols vers Varsovie, Moscou... En 1962, elle utilisait deux Il-18, cinq Il-14 et neuf Li 2 et, en 1967, elle avait accru ses moyens avec onze Il-18, sept An24, six Il-14 pour voler vers Berlin, Le Caire, Paris, Alger, Vienne, Damas... Elle était connue sous le nom de Balkan Bulgaria Airlines. Dans les années 1970 à 1980, elle a connu un fort développement avec l'utilisation de plus de cent avions. Cela se termina en 2002 par une faillite et la création de Bulgaria Air.

### Viaggio Air
Création en 2001 avec comme base Sofia. Elle a utilisé deux ATR42 -300 pour assurer des vols réguliers et a été reprise par Hemus en 2007 pour une fusion avec Bulgaria Air.

## Les aéroports

### Sofia
C'est la capitale depuis 1376. Son nom vient de la basilique Sainte Sophie. La population est de 1 400 000 habitants. Elle est traversée par la rivière Iskar qui est un affluent du Danube. La ville a un patrimoine important, en particulier religieux ainsi que des musées et des monuments, attirant de plus en plus de touristes. L'aéroport est situé à dix km à l'est de la ville. Il a été ouvert en 1939, modernisé entre 1947 et 1950. Il a atteint un trafic de 600 000 passagers par an à la fin des années 1960. Une station de métro a

été ouverte en 2015. Actuellement une vingtaine de transporteurs se posent à Sofia.

Trafic :

| Année | Passagers |
|---|---|
| 2010 | 3 296 000 |
| 2012 | 3 467 000 |
| 2014 | 3 815 000 |
| 2016 | 4 579 000 |
| 2018 | 6 962 000 |

Pour 2019 le trafic a porté sur 7 107 000 de voyageurs.

Principales villes desservies au départ de Sofia :

| Villes | Passagers |
|---|---|
| Londres | 464 000 |
| Francfort | 235 000 |
| Munich | 177 000 |
| Vienne | 173 000 |
| Amsterdam | 140 000 |

Les principaux transporteurs sur l'aéroport :

| Villes | Passagers |
|---|---|
| Wizzair | 2 060 000 |
| Ryanair | 1 506 000 |
| Bulgaria Air | 1 101 000 |

Il dispose d'une piste de 3 600 m de longueur.

## Burgas

C'est la quatrième ville de Bulgarie et son premier port. L'histoire de la ville est ancienne, remontant à la Grèce antique. C'est un centre touristique où les visiteurs viennent profiter des belles plages. L'aéroport a été ouvert le 27 juin 1927. Ce fut une base allemande pendant la Seconde Guerre mondiale. Le 29 juin 1947, un premier vol eut lieu vers Sofia, ouvrant l'activité commerciale. Plus de trente-cinq compagnies pour les passagers et quatre pour le fret se posent à Burgas.

Trafic :

| Année | Passagers |
|---|---|
| 2010 | 1 872 000 |
| 2012 | 2 356 000 |
| 2014 | 2 522 000 |
| 2016 | 2 878 000 |
| 2018 | 3 277 000 |

Il dispose d'une piste de 3 200 m de longueur.

**Varna**
C'est une ville importante de Bulgarie avec une population qui dépasse les 400 000 habitants. C'est un centre touristique apprécié car il y a de nombreuses stations balnéaires à proximité. L'aéroport a été ouvert en 1946, en remplacement d'un terrain qui datait de 1916. Il reçoit surtout de vols charters assurés par les vingt-quatre compagnies qui se posent à Varna.

Trafic :

| Année | Passagers |
|---|---|
| 2010 | 1 198 000 |
| 2012 | 1 211 000 |
| 2014 | 1 387 000 |
| 2016 | 1 689 000 |
| 2018 | 2 281 000 |

Pour 2019, le trafic a porté sur 2 084 000 de voyageurs. Il dispose d'une piste de 2 500 m de longueur.

**Plovdiv**
C'est une des plus anciennes villes d'Europe, avec une agglomération qui compte plus de 675 000 habitants, en bordure de la Maritsa. L'aéroport est situé près du village de Krunovo. Un premier aéroport a existé en 1928 et

avait repris une petite activité en 1947. Le 2 mai 1962 il a été transféré sur la base aérienne Graf Igniako. Il est à usage civil et militaire et reçoit les vols de six compagnies. Un musée de l'Air jouxte l'aéroport.
Trafic :

| Année | Passagers |
|---|---|
| 2010 | 26 000 |
| 2012 | 87 000 |
| 2014 | 103 000 |
| 2016 | 77 000 |
| 2018 | 133 000 |

Il dispose d'une piste de 2 500 m de longueur.

# Albanie

Ce pays de 28 748 km² est bordé par la mer Adriatique et par quatre pays, le Monténégro au nord, le Kosovo, la Macédoine du Nord et la Grèce au sud. Le pays a été sous domination ottomane pendant cinq siècles. Au XXème siècle il a été sous la domination du dictateur Enver Hoxha qui se comporta vis-à-vis de son peuple comme la « dynastie » qui dirige la Corée du Nord ! La république est enfin revenue… La population est de 3 075 000 habitants. L'Albanie se développe dans un « environnement » politico-économique souvent difficile.

## Les compagnies aériennes

### Air Albania
Création le 16 mai 2018 de la compagnie avec le soutien des gouvernements albanais, turcs et la participation de Turkish Airlines. Les vols ont débuté le 19 avril 2019 et desservent six villes en Italie et Istanbul depuis Tirana. La flotte comprend un Airbus 319 et un Boeing 737-800.

### Albawings
Création de la compagnie avec comme objectif d'assurer des vols bons marchés en février 2015. Elle relie sept villes d'Italie, quelques destinations au Royaume Uni, en Slovaquie et en Allemagne depuis Tirana avec deux Boeing 737.

### Ada Air
Petit transporteur qui date de 1991 avec un Embraer Bandeirante. Elle exploite deux avions pour assurer quelques vols vers Bari et Salonique, ainsi que des vols charters en particulier pour DHL.

## Anciennes compagnies

### Albanian Airlines
Création en 1992, sous le nom Arberia qui stoppa ses activités le 11 novembre 2011. Elle exploitait trois BAe 146 vers quatre pays au départ de l'aéroport de Tirana qui avait remplacé des Tu-134 en 2002.

### Belle Air
Compagnie dont la création a eu lieu en 2005 et qui arrêta ses vols le 22 novembre 2013. Elle exploitait une flotte de trois avions différents : un BAe 146, un Fokker 100 et un MD 82, ce qui ne devait pas faciliter la maintenance !

## Les aéroports

### Tirana
Capitale depuis 1920, son histoire date 1614. Elle compte 560 000 habitants. Parmi les personnalités, Mère Teresa est la figure la plus connue de l'Albanie. Son Aéroport International Nene Tereza (mère Teresa) est situé à onze km du centre ville, sa construction ayant commencée en 1955. Jusqu'en 1990 le trafic était très faible, les dirigeants interdisant les voyages. Il a connu un fort développement avec les changements politiques, d'où la présence d'une trentaine de transporteurs. En 2020 la compagnie Wizzair a ouvert une base avec une quinzaine de destinations.

Trafic :

| Année | Passagers |
|---|---|
| 2010 | 1 536 000 |
| 2012 | 1 665 000 |
| 2014 | 1 810 000 |
| 2016 | 2 196 000 |
| 2018 | 2 947 000 |

Pour 2019, le trafic a porté sur 3 330 000 de voyageurs.

Principales liaisons au départ de Tirana :

| Villes | Passagers |
|---|---|
| Milan | 486 000 |
| Rome | 334 000 |
| Istanbul | 253 000 |

Il dispose d'une piste de 2 750m de longueur.

**Kukes**

Ville à proximité du Kosovo qui fut un refuge pour les kosovars pendant la guerre dans les années 1990. Kukes compte environ 50 000 habitants. L'aéroport porte le nom de Cheikh Zayed qui a soutenu la construction avec l'aide des Emirats. La construction est terminée et la piste disponible fait 1 800 m de longueur. L'aéroport est en attente de trafic…

# Les républiques de Transcaucasie

Ce sont trois républiques, à mi-chemin entre l'Europe et l'Asie, au pied du Caucase, au sud de la Russie. Elles ont une longue et douloureuse histoire. Elles ont été sous domination de l'empire soviétique jusqu'en 1991.

*Les républiques de Transcaucasie*

# Arménie

C'est une république depuis 1918, mais passé dans l'orbite soviétique jusqu'au 21 septembre 1991. Le pays a une superficie de 29 473 km² et une population de 3 025 000 habitants, dont près de 42% vit dans l'agglomération d'Erevan, la capitale. Le pays est riche en monuments et lieux historiques, témoins du riche passé de l'Arménie. Parmi les représentants français de l'active diaspora, qui ont porté l'histoire, le chanteur Charles Aznavour et l'ancien ministre Patrick Devedjian.

## Les compagnies aériennes

### Air Company Armenia
Sa création a eu lieu le 25 novembre 2015 après le naufrage d'Armavia. Son réseau est assez modeste avec une dizaine d'escales, dont Moscou, Lyon, Erevan, Beyrouth dans sept pays en utilisant deux Boeing 737.

### Atlantis Armenia Airlines
Compagnie qui existe depuis 2004 et qui avait pour objet l'aviation légère, utile pour désenclaver certaines régions du pays. Elle a utilisé plus tard deux Let 410. Pour 2020 elle avait prévu des vols charters en Europe avec trois Airbus 320 et un Boeing 737.

### Armenia Airways
Compagnie qui a débuté son activité en 2016 en reliant Erevan à Téhéran et Anapa en Russie au moyen d'un Bae 146.

## Anciennes compagnies

### Air Armenia
Compagnie cargo qui avait été lancée en 2003 et termina ses activités en 2014. Elle avait quelques avions d'origine soviétique pour assurer le transport de fret.

**Armenian Airlines**
Création en 1991 et disparition en 2003. Elle sera remplacée par Armavia

**Armavia**
Ce fut la compagnie nationale de 1996 à 2013. Elle desservait le plus grand nombre d'escales, douze en Europe, sept en Asie, treize en Russie, etc... Elle disposait de quatre Airbus 319, trois Airbus 320, un Boeing 737.

## Les aéroports

**Erevan**
C'est depuis 1918, la capitale de l'Arménie et la plus grande ville avec environ un million et demi d'habitants. Son histoire au travers des siècles a été très mouvementée avec des batailles, des tremblements de terre, des incendies, des massacres... L'aéroport Zvarnots est à quinze km de la ville, il a été ouvert en 1961, modernisé en 1980. Il accueille quarante-trois compagnies aériennes, dont un certain nombre pour des charters en période de vacances. Il est géré par CJSC qui est une entreprise basée en Argentine.

Trafic :

| Année | Passagers |
|-------|-----------|
| 2010  | 1 612 000 |
| 2012  | 1 691 000 |
| 2014  | 2 045 000 |
| 2016  | 2 105 000 |
| 2018  | 2 690 000 |

Pour 2019 le trafic a porté sur 3 048 000 de voyageurs. Il dispose d'une piste de 3 800 m de longueur.

Un second aéroport est situé à Erebouni, utilisé pour les vols privés.

**Gyumri**
C'est la deuxième ville d'Arménie, à proximité de la frontière avec la Géorgie. Elle porta de 1924 à 1991 le nom de Leninakan avant de reprendre

son nom. Suite à un tremblement de terre en novembre 1988, la population est passée de 250 000 à 150 000 habitants. Son aéroport porte le nom de Shirak, il est situé à cinq km de la ville, à une altitude élevée de 1 524 m. Son ouverture date de 1961. Il accueille les vols de deux compagnies. Un climat favorable lui permet de recevoir les vols de déroutement pour les aéroports d'Erevan et de Tbilissi.

Trafic :

| Année | Passagers |
|---|---|
| 2010 | nc |
| 2012 | nc |
| 2014 | nc |
| 2016 | 12 000 |
| 2018 | 166 000 |

Pour 2019, le trafic a porté sur 149 000 de voyageurs. Il dispose d'une piste de 3 220 m de longueur, nécessaire en raison de l'altitude.

# Azerbaïdjan

C'est un pays du Caucase qui est bordé sur sept cents km par la mer Caspienne et par la Russie, la Turquie, l'Arménie, la Géorgie et l'Iran avec l'enclave de Nakhchivan qui est séparée du pays. Russe depuis le XIXème siècle elle a pris son indépendance le 30 août 1991. C'est un pays riche en pétrole avec des puits forés sur la mer Caspienne.

## Les compagnies aériennes

### Azerbaïdjan Airlines
Sa création a eu lieu en 1992. Elle dispose d'une flotte importante comprenant trois airbus 319, six Airbus 320, deux Airbus 340-500, deux Boeing 757, deux Boeing 767 et deux Boeing 787. Le trafic en 2019 a porté sur deux millions de passagers.

### Buta Airways
C'est la filiale low cost d'Azerbaïdjan Airlines dont la création date de 2015 sous le nom Azal jet qui devint en 2017 Buta Airways. Elle pose ses avions sur une vingtaine d'aéroports situés surtout à l'ouest de Bakou. Pour exploiter son réseau Buta dispose de huit Embraer 190 qui ont transporté six cents mille passagers en 2019.

## Les aéroports

### Bakou
La capitale de l'Azerbaïdjan est une agglomération avec une population d'environ trois millions d'habitants. C'est un port sur la mer Caspienne. L'aéroport est situé à vingt km de la ville. Il portait initialement le nom de Bina et a été rebaptisé le 10 septembre 2004 du nom de l'ancien président de la république Heydar Aliyev. Il est très fréquenté avec trente-sept compagnies transportant des passagers et deux du fret.

Trafic :

| Année | Passagers |
|---|---|
| 2010 | nc |
| 2012 | nc |
| 2014 | nc |
| 2016 | 3 280 000 |
| 2018 | 4 430 000 |

Pour 2019 le trafic a porté sur 4 730 000 voyageurs. Il dispose de deux pistes de 3 200 et 4 000 m de longueur.

**Ganja**
C'est la deuxième ville d'Azerbaïdjan et une des plus vieilles du Caucase. Sa population est de 330 000 habitants. C'est un centre touristique réputé notamment pour son patrimoine ancien. L'aéroport a été initialement une base des forces aériennes soviétiques. Il est maintenant à usage civil et militaire. Quatre compagnies se posent régulièrement avec pour principal destination Moscou.

Trafic :

| Année | Passagers |
|---|---|
| 2010 | nc |
| 2012 | 130 000 |
| 2014 | 162 000 |
| 2016 | 150 000 |
| 2018 | 134 000 |

Pour 2019, le trafic a porté sur 154 000 voyageurs. Il dispose d'une piste de 3 300 m de longueur.

**Nakhchivan**
C'est une république autonome de l'Azerbaïdjan qui est une enclave de 5 000 km² située entre l'Iran, l'Arménie et une pointe turque, mais séparée de l'Azerbaïdjan, elle est 450 km de Bakou. La ville principale est Nakhchivan dont l'histoire est ancienne, remonte à Ptolémée et selon la légende fut fondée par Noé qui y serait enterré... La population est de

80 000 habitants. L'aéroport a été construit en 1970, est à usage mixte civil et militaire. Il est important pour permettre de rejoindre la capitale sans formalités, sinon il faut passer la frontière de l'Arménie ou de l'Iran ! Trois compagnies se posent régulièrement.

Trafic :

| Année | Passagers |
|-------|-----------|
| 2010  | nc        |
| 2012  | 426 000   |
| 2014  | 526 000   |
| 2016  | 550 000   |
| 2018  | 637 000   |

Pour 2019 le trafic a porté sur 646 000 voyageurs. Il dispose de deux pistes de 3 300 m de longueur.

**Lankaran**

C'est une ville située au sud du pays, au bord de la mer Caspienne, dont la population est de 60 000 habitants. Ses plages et ses eaux chaudes attirent de nombreux visiteurs. L'aéroport est desservi par une compagnie et le trafic est de 20 000 passagers par an. Il dispose d'une piste de 3 300 m de longueur.

# Géorgie

Elle est bordée à l'ouest par la mer Noire et par la Russie, la Turquie, l'Arménie et l'Azerbaïdjan. La superficie du pays est de 6 970 km² et la population de 3 800 000 habitants. Le pays est très touristique grâce à la grande richesse de son patrimoine architectural.

## Personnalités

### Alexander Kartveli (1896-1974)
C'était un ingénieur aéronautique, né en Géorgie, ayant fait carrière aux Etats-Unis. Il a travaillé chez Republic et a conçu le fameux chasseur P47 très efficace pendant la Seconde Guerre mondiale.

## Les compagnies aériennes

### Georgian Airways
Les débuts d'Airzeno datent de 1994, après l'indépendance du pays. Elle prendra son nom actuel en 2009. Son réseau comprend une vingtaine d'escales, qui sont reliées à Tbilissi par trois Boeing 737, deux Bombardier CRJ et quatre Embraer 190/195.

## Les aéroports

### Tbilissi
C'est la capitale et principale ville du pays. L'aéroport est situé à dix-sept km au sud-est de la ville, porte le nom Shuta Rostavelli qui était un poète. Il reçoit quarante-cinq compagnies pour les passagers et trois pour le fret. Les principales destinations au départ de Tbilissi sont Istanbul, Dubaï et Kiev.

Trafic :

| Année | Passagers |
|---|---|
| 2010 | 822 000 |
| 2012 | 1 219 000 |
| 2014 | 1 575 000 |
| 2016 | 1 847 000 |
| 2018 | 3 808 000 |

Pour 2019, le trafic a porté sur 3 692 000 de voyageurs. Il dispose de deux pistes de 2 500 et 3 000 m de longueur.

**Batoumi**

La deuxième ville de Géorgie, avec une population de 166 000 habitants, est située en bordure de la mer Noire. Elle a le statut de ville depuis 1866. Après l'indépendance, elle a développé une forte économie touristique notamment, avec les jeux. L'aéroport Alexander Kartveli est à deux km de la ville et vingt km de la Turquie. Il est géré par le groupe turc TAV. Un nouveau terminal a été inauguré en 2007. Il est fréquenté par dix-huit compagnies surtout de manière saisonnière et les principales destinations sont Tel Aviv, Istanbul et Moscou.

Trafic :

| Année | Passagers |
|---|---|
| 2010 | 88 000 |
| 2012 | 168 000 |
| 2014 | 213 000 |
| 2016 | 312 000 |
| 2018 | 598 000 |

Pour 2019, le trafic a porté sur 625 000 de voyageurs. Il dispose d'une piste de 2 500 m de longueur.

**Koutaïssi**

C'est la troisième ville de Géorgie, elle date de 1811. Elle offre aux visiteurs un important patrimoine notamment religieux. La population est de 150 000 habitants. L'aéroport est utilisé par cinq compagnies, notamment Wizzair qui assure l'essentiel des vols.

Trafic :

| Année | Passagers |
|---|---|
| 2010 | 7 500 |
| 2012 | 12 000 |
| 2014 | 218 000 |
| 2016 | 291 000 |
| 2018 | 617 000 |

Pour 2019 le trafic a porté sur 873 000 de voyageurs. Il dispose d'une piste de 2 500 m de longueur.

# Les pays baltes

Ce sont les trois pays situés à l'est de la mer Baltique. La Lituanie, la Lettonie et l'Estonie ont au total une surface de 175 000 km² pour une population de 6,5 millions d'habitants. Longtemps proche de l'empire russe, les pays baltes connaitront un XXème siècle de bouleversements, de guerres, de crimes et autres exactions. Indépendants après la Première Guerre mondiale, le pacte germano-soviétique de 1939 apportera rapidement son lot de malheurs par les occupations soviétiques, puis allemandes puis à nouveau soviétiques. Les trois pays reprendront leur indépendance après la chute du mur de Berlin. Malgré leur taille réduite, les trois pays ont des langues différentes et se parlent entre eux en russe, ce qui avait étonné l'auteur lors sa visite dans ces beaux pays.

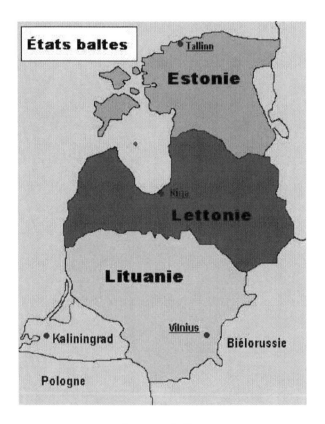

*Les pays baltes*

# La Lituanie

C'est un pays de l'Europe du Nord, bordé par la mer Baltique, la Lettonie, la Biélorussie et par l'enclave russe de Kaliningrad. La population est de 2,6 millions d'habitants pour une superficie de 65 303 km². Le pays, après une histoire agitée, prit son indépendance le 16 décembre 1918. La Lituanie sera occupée par les soviétiques en 1940, puis par les allemands, avant de devenir un pays annexé par l'URSS jusqu'en 1990. Elle recouvra son indépendance le 11 mars 1990.

## Les compagnies aériennes

### Avion Express
La compagnie fut une création en 2005 sous le nom de Nordic Solution Air Services pour proposer des avions en location avec les équipages. En septembre 2019 elle avait une flotte comportant une vingtaine d'Airbus 320 et 321. Il semble qu'au début de 2020 une dizaine d'appareils seulement soit encore disponible.

### Dot LT
Création en 2003 avec comme base Kaunas. La compagnie utilisa des Saab 340 puis proposa en location une flotte comprenant un Airbus 321 et 11 ATR 42/72. En début de 2020 la flotte ne comprend plus que deux ATR.

### Getjet
Elle dispose d'un certificat pour assurer ses opérations depuis mars 2016. Elle a repris une partie de la flotte de Small Planet airlines en 2018 et offre à la location des avions avec équipages depuis sa base de Vilnius. A ce titre, elle assure des vols pour Sunwing Airlines au Canada. Son équipement comprend neuf Airbus 319/320, un Airbus 330 et sept Boeing 737.

### Transaviabaltika
Petite entreprise, basée à Kaunas, qui assure avec quelques avions légers des vols charters pour le fret et les passagers.

## Anciennes compagnies

### Air Lituanica
Compagnie qui opéra de 2013 à 2015. Les dirigeants avaient comme ambition de créer une entreprise capable de remplacer Lithuanian Airlines et de relier Vilnius aux principales villes d'Europe. Avec deux Embraer 170/175 elle assura des vols vers Bruxelles, Berlin... Rapidement les problèmes financiers eurent raison des ambitions des dirigeants.

### Lithuanian Airlines
Ce fut la compagnie nationale ayant repris les vols d'Aeroflot après l'indépendance. Les responsables firent basculer le réseau au départ de Vilnius de l'Est vers l'Ouest, avec une quinzaine de villes dans treize pays. En 2008, elle utilisait huit Boeing 737 et quatre Saab 2000. Devant les graves difficultés financières, les dirigeants de la compagnie ont décidé l'arrêt le 17 janvier 2009, ce qui conduisit à une diminution de plus de 40% du trafic de l'aéroport de Vilnius.

### Small Planet Airlines
C'était une compagnie spécialisée dans le charter, sous le nom initial de FlyLAL charter, dont la création datait de 2008. Elle ouvrit rapidement des filiales en Estonie, en Pologne, en Allemagne. Elle a connu un bon développement en desservant de nombreuses escales en Europe pour des agences de voyages, en particulier en France. Elle utilisa plus de vingt Airbus 320. Au moment de son arrêt, suite à des problèmes financiers le 28 novembre 2018, elle n'avait plus que sept Airbus 320. En 2015 elle avait décroché le titre peu envié de compagnie « la moins appréciée des passagers » !

Trafic :

| Année | Passagers | Nb avions |
|---|---|---|
| 2010 | nc | nc |
| 2012 | 635 000 | 6 |
| 2014 | 1 212 000 | 11 |
| 2016 | 2 000 000 | 21 |
| 2017 | 2 700 000 | 28 |

## Les aéroports

### Vilnius

C'était la capitale jusqu'en 1915, Kaunas prenant ce rôle de 1920 à la guerre 1939-1945. Sa population est de 575 000 habitants. Elle est redevenue capitale en 1945. Son centre ancien avec un magnifique patrimoine, en particulier religieux, a miraculeusement survécu à deux guerres mondiales. C'est la ville natale du grand écrivain Romain Gary. L'aéroport est situé à six km au sud de la ville à laquelle il est relié par le train. Les premiers vols remontent à 1932. Il a repris une activité commerciale en juillet 1944. Il accueille les vols de vingt-cinq compagnies pour les passagers et cinq pour les marchandises.

Trafic :

| Année | Passagers |
|---|---|
| 2010 | 1 373 000 |
| 2012 | 2 208 000 |
| 2014 | 2 942 000 |
| 2016 | 3 814 000 |
| 2018 | 4 922 000 |

Principales liaisons au départ de Vilnius :

| Villes | Passagers |
|---|---|
| Londres | 468 000 |
| Francfort | 276 000 |
| Oslo | 261 000 |

Pour 2019, le trafic a porté sur 5 004 000 de voyageurs. Il dispose d'une piste de 2 500 m de longueur.

### Kaunas

C'est la deuxième ville de Lituanie, qui est un port important sur le fleuve Niémen. Kaunas fut la capitale de la Lituanie de 1920 à 1940, Vilnius étant devenue polonaise. La population est de 340 000 habitants. L'aéroport est situé à quatorze km au nord-est de la ville et à cent km de Vilnius. Il a été mis en service en 1988 en remplacement de l'ancien terrain, proche du centre-ville. Il est desservi par sept transporteurs pour les passagers et deux pour le fret. Le principal utilisateur est Ryanair.

Trafic :

| Année | Passagers |
|---|---|
| 2010 | 872 000 |
| 2012 | 830 000 |
| 2014 | 724 000 |
| 2016 | 740 000 |
| 2018 | 1 011 000 |

Pour 2019 le trafic a porté sur 1 180 000 de voyageurs. Il dispose d'une piste de 3 250 m de longueur.

**Palanga**
La ville a une population est de 18 000 habitants. Elle est située à trente km de Klaipeda (ex Memel), le principal port de la Lituanie sur la Baltique et à trois cents km de Vilnius. L'aéroport est à sept km de la ville et a été ouvert en 1937. Une première liaison régulière fut inaugurée en 1939 entre Palanga et Kaunas. Ce fut une base militaire jusqu'en 1963, quand elle fut reconvertie pour le trafic civil. L'aéroport a été modernisé depuis les années 2000 et reçoit les vols de huit compagnies; les deux principales étant Ryanair et Norwegian. Le trafic fret est assez faible avec 5 800 tonnes par an.

Trafic :

| Année | Passagers |
|---|---|
| 2010 | 102 000 |
| 2012 | 128 000 |
| 2014 | 132 000 |
| 2016 | 312 000 |
| 2018 | 316 000 |

Pour 2019 le trafic a porté sur 338 000 de voyageurs. Il dispose d'une piste de 2 280 m de longueur.

# La Lettonie

C'est une des républiques baltes, en bordure de la mer Baltique. Elle a pour voisin, l'Estonie, la Lituanie, la Russie et la Biélorussie. La Lettonie a une superficie de 64 559 km² et une population de 1 990 000 habitants. Comme les deux autres pays baltes, son histoire a été violente, marquée par de nombreux conflits et des massacres, en particulier pour la communauté juive.

## Les compagnies aériennes

### Air Baltic
La création date du 1er octobre 1995 avec l'aide de la compagnie scandinave SAS et du gouvernement letton. C'est maintenant une entreprise d'Etat. En 2015, elle avait repris les lignes d'Air Lituanica après son arrêt. Elle a environ soixante-dix villes dans son réseau et une flotte basée sur l'Airbus 220 avec une vingtaine d'appareils en service et vingt-huit en attente. Une douzaine de Bombardier Dash 8 sont utilisés pour les liaisons courtes et à faible trafic.

### SmartLynx Airlines
La création de la compagnie remonte à 1992 et les responsables ont développé une importante activité de vols sous forme de location d'appareils avec équipage. Elle a transporté trois millions de passagers en 2019. Elle utilise une flotte d'avions Airbus, seize A320 et sept A321.

## Anciennes compagnies

### Primera Air Nordic
La compagnie avait été une création du groupe Primera Travel avec pour siège Riga. Elle utilisa une flotte de sept Boeing 737 pour exploiter des vols réguliers et surtout des charters. Le 30 septembre 2018 ce fut l'arrêt des opérations suite à de graves problèmes financiers.

# Les aéroports

## Riga

La capitale de la Lettonie est un port sur la Baltique avec une population de 650 000 habitants. Son quartier « Art Nouveau », construit par l'architecte Eisenstein (le père du cinéaste) explique en partie l'inscription de Riga au patrimoine mondial de l'Humanité. L'aéroport est situé à dix km de la ville, c'est le plus important des pays baltes. Le principal opérateur est la compagnie Air Baltic qui représente environ 60% des passagers.

Trafic :

| Année | Passagers |
|---|---|
| 2010 | 1 384 000 |
| 2012 | 2 206 000 |
| 2014 | 2 017 000 |
| 2016 | 2 221 000 |
| 2018 | 3 007 000 |

Pour 2019 le trafic a porté sur 3 798 000 de voyageurs.

Principales liaisons au départ de Riga :

| Villes | Passagers |
|---|---|
| Londres | 602 000 |
| Moscou | 562 000 |
| Helsinki | 310 000 |

Il dispose d'une piste de 3 200m de longueur.

## Liepaja

C'est une ville située à 200 km de Riga en bordure de la Baltique avec une population de 80 000 habitants. L'aéroport est localisé à cinq km de la ville. Il avait reçu 40 000 passagers en 2008. L'aéroport a cessé de recevoir des avions commerciaux pendant plusieurs années suite à un manque d'équipements. Il été certifié à nouveau en 2016, mais n'a pas un trafic très important avec environ 15 000 passagers par an avec la compagnie Air Baltic.

# L'Estonie

C'est un pays de l'Europe du Nord, en bordure de la mer Baltique, qui a pour voisin la Russie et la Lettonie. Sous influence russe depuis 1710, l'Estonie devint indépendante en 1917. Elle a été occupée par les allemands et les soviétiques pendant la Seconde Guerre mondiale. L'Estonie est indépendante depuis le 20 août 1991. La superficie est de 46 339 km² et la population de 1 320 000 habitants.

## Les compagnies aériennes

### Nordica
C'est la compagnie qui exploite les lignes reprises à Estonian Air depuis le 9 novembre 2015. Elle assure également avec sa filiale Regional Jet des vols pour des tiers comme la compagnie SAS. Elle a une flotte comprenant des ATR 72 et des Bombardier 900/700 pour desservir une douzaine d'escales.

## Anciennes compagnies

### Estionan Air
Ce fut la principale compagnie d'Estonie à partir 1991 jusqu'au 8 novembre 2015. Elle exploitait avant la cessation de ses activités une flotte de six avions dont cinq CRJ 900/700 et un Embraer 170. Elle avait onze destinations dont Amsterdam, Londres, Paris.

## Les aéroports

### Tallinn
C'est la capitale et le principal port sur le golfe de Finlande. La population est de 450 000 habitants. Le centre ancien qui domine le port est classé au patrimoine de l'Humanité et attire de nombreux touristes. L'aéroport a été ouvert en 1928. Il bénéficiait de quelques lignes avant la Seconde Guerre

mondiale. Pendant celle-ci le terrain fut occupé par les soviétiques, puis par les allemands avant de repasser dans l'orbite soviétique. De 1945 à 1989, le seul transporteur desservant l'aéroport a été Aeroflot. En 1989, SAS devint la première compagnie étrangère à s'y poser. Il est relié par vingt-six compagnies transportant des voyageurs et cinq du fret.

Trafic :

| Année | Passagers |
|---|---|
| 2010 | 1 384 000 |
| 2012 | 2 206 000 |
| 2014 | 2 017 000 |
| 2016 | 2 221 000 |
| 2018 | 3 007 000 |

Principales destinations au départ de Tallinn :

| Villes | Passagers |
|---|---|
| Helsinki | 270 000 |
| Francfort | 255 000 |
| Riga | 244 000 |

Pour 2019, le trafic a porté sur 3 267 000 de voyageurs. Il dispose d'une piste de 3 400 m de longueur.

**Tartu**
C'est la deuxième ville d'Estonie avec une population de 105 000 habitants. Son origine remonte à 1030. Elle est située à 185 km au sud-est de Tallinn, la ville est réputée pour ses anciennes universités. L'aéroport est exploité par celui de Tallinn, avec un faible trafic d'environ 30 000 passagers par an. Il dispose d'une piste de 1 800 m de longueur.

**Kuressaare**
Située sur l'ile de Saarema sur le golfe de Finlande, la ville porta le nom d'Arensburg pendant longtemps. Elle a une population de 15 000 habitants. L'aéroport est situé à trois km au sud-est de la ville, a connu ses premiers vols dans les années 1930. Il a été rouvert le 6 mars 1945. Le trafic a été

assez important dans les années 1950 avec près de 100 000 voyageurs par an. Un nouveau terminal a été ouvert en 1962. Actuellement environ 20 000 passagers sont enregistrés. Il est doté d'une piste de 2 000 m de longueur.

# L'ex-Yougoslavie

L'histoire de la Yougoslavie va de 1918 à 2006. Après la Première Guerre mondiale, la Yougoslavie voit le jour avec Pierre 1er comme monarque. Le régime persista jusqu'en 1941 avec l'invasion allemande qui donna lieu à de violents combats. Après la guerre, les partisans qui avaient libéré le pays sous la conduite de Tito, formeront une république. A la différence des autres pays communistes, la Yougoslavie ne sera rapidement pas alignée sur Moscou, ce qui facilitera les échanges avec l'Ouest. La fin sera difficile avec la scission entre les différents nationalismes des forces serbes, bosniaques et croates qui a conduit à des combats et des massacres d'un autre âge !

## Anciennes compagnies de l'ex-Yougoslavie

### Aeroput
Ce fut la première compagnie en Yougoslavie dont la création date du 17 juin 1927. Tadja Sondermajer, un colonel de réserve, joua un rôle important comme animateur pour la création de la compagnie. Aeroput ouvrit la liaison entre Belgrade et Zagreb le 25 mars 1927, puis elle a eu un réseau important dans la région utilisant des avions Potez, Farman, de Havilland. Ses opérations seront suspendues pendant la guerre et reprendront après pour devenir YAT.

### YAT (Jugoslovenski Aerotransport)
Elle fut en 1947 une création du gouvernement. Son essor sera d'abord difficile, puis facilité par le fait que son dirigeant le maréchal Tito était qualifié de non aligné politiquement sur l'URSS. Cela permettra à YAT de relier à Belgrade de nombreuses villes en Europe de l'Ouest, comme en Europe de l'Est. YAT pourra mettre en ligne des appareils plus modernes que ceux des compagnies du bloc communiste, par exemple des « Caravelle » dans les années 1960. Initialement c'est la Swissair qui apporta son aide à la jeune compagnie. Elle lancera des lignes intercontinentales vers les Etats-Unis et le Canada, avec des Boeing 707, puis des DC10.

# Les nouveaux pays issus de l'ancienne république yougoslave :

Les pays sont : La Serbie, la Croatie, la Slovénie, la Bosnie-Herzégovine, le Kosovo, le Monténégro, la Macédoine du Nord.

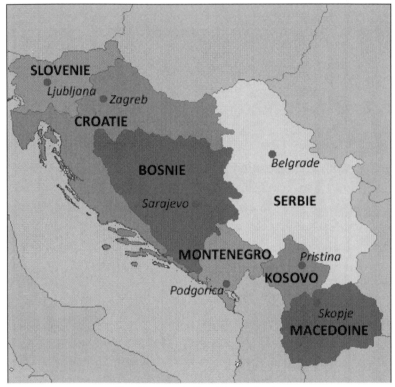

*Les 7 pays de l'ex-Yougoslavie*

# La Serbie

Le principal pays des Balkans avait eu son indépendance en 1878, puis il y aura un royaume de Yougoslavie en 1929. Après la Seconde Guerre mondiale la Yougoslavie sera reconstituée. La Serbie sera indépendante en 2006. Le pays a une surface de 77 474 km² et la population est d'environ 7 100 000 habitants avec parmi les personnalités serbes : Novak Djokovic, le grand joueur de tennis, Emir Kustorica, le cinéaste...

## Les compagnies aériennes

### Air Serbia
A partir de 1992, c'est l'éclatement de la Yougoslavie. Les activités seront réduites et, en 2000, la compagnie YAT deviendra YAT Airways. Le gouvernement lancera la privatisation. En 2013 c'est Air Serbia qui prendra le relais, avec son capital détenu pour moitié par Etihad Airways. Pour voler vers quarante-deux destinations, en employant environ 1 500 salariés, une vingtaine d'appareils sont utilisés, dont des Airbus 319, des ATR 72, etc...

## Anciennes compagnies

### Aviogenex
C'était une compagnie charter serbo-yougoslave datant de 1968 qui utilisa des Tu-134 et des Boeing 737-200. En 1990 elle avait transporté 630 000 passagers. La guerre de 1991 à 1995 conduisit à l'arrêt des vols. Elle loua sa flotte et tenta en 2010 de reprendre ses activités sous son nom. Elle termina ses vols en 2015.

### Aviolet
Création en 2014 comme filiale charter d'Air Serbia. Elle utilisa trois Boeing 737-300. Ses activités furent stoppées en même temps que sa maison mère en 2015.

## Les aéroports

### Belgrade

La capitale de la Serbie est au confluent de la Save et du Danube. La population de l'agglomération est de 1 700 000 habitants. Au cours de son histoire agitée, la ville a été détruite une trentaine de fois ! L'aéroport porte le nom de Nikola Tesla, qui fut un ingénieur américain né en Serbie spécialiste de l'électricité. Il est desservi par trente-huit compagnies avec la moitié du trafic qui est assurée par la compagnie locale Air Serbia.

Trafic :

| Année | Passagers |
|---|---|
| 2010 | 2 698 000 |
| 2012 | 3 363 000 |
| 2014 | 4 638 000 |
| 2016 | 4 776 000 |
| 2018 | 5 644 000 |

En 2019, l'aéroport a été fréquenté par 6 159 000 passagers. Il est géré par le groupe Vinci. Il dispose d'une piste de 3 400 m de longueur.

### Nis

C'est une des plus anciennes villes des Balkans. Elle a eu un passé compliqué, ayant été byzantine, serbe, bulgare, ottomane, puis de nouveau serbe ! L'agglomération compte 260 000 habitants. L'aéroport Constantin le Grand est situé à quatre km au nord-ouest de la ville. Le premier vol remonte à 1910. En 1952, une piste en dur avait été mise en service. Il fut bombardé en 1999 et rouvert en 2003. Il est utilisé par trois compagnies.

Trafic :

| Année | Passagers |
|---|---|
| 2010 | 23 000 |
| 2012 | 27 000 |
| 2014 | 1 400 |
| 2016 | 125 000 |
| 2018 | 351 000 |

En 2019 l'aéroport a été fréquenté par 422 000 passagers. Il dispose d'une piste de 2 500 m de longueur.

# La Croatie

Le pays est indépendant depuis 1991. Il a été marqué par le conflit qui a fait éclater la Yougoslavie au début des années 1990. La superficie est de 56 594 km² avec une population de 4 100 000 habitants. La Croatie a une longue côte qui borde l'Adriatique avec de nombreuses stations balnéaires et lieux touristiques, ainsi que des parcs naturels, qui attirent de très nombreux touristes.

## Les compagnies aériennes

### Croatia Airlines
La compagnie débuta ses activités en 1989 sous le nom de Zagal (Zagreb Airlines), puis deviendra en 1991 Croatia Airlines qui connaitra un bon développement à partir de 1992, avec la fin des hostilités. En 2019, elle utilise six Airbus 319/320 et six Bombardier Dash 400 pour relier une trentaine de villes au départ de Zagreb, vers dix-huit pays.

## Anciennes compagnies

### Dubrovnik Airlines
Compagnie dont les promoteurs avaient avec pour ambition de proposer des vols charters au départ de l'aéroport de Dubrovnik. Elle termina son activité en octobre 2011. Elle transportait environ 350 000 passagers par an avec une flotte ne comprenant que deux appareils MD 82, vers une quarantaine de destinations.

## Les aéroports

### Zagreb
La capitale de la Croatie a une histoire ancienne qui a commencé en 1094. Elle a connu beaucoup de péripéties comme beaucoup d'agglomérations de l'Europe Centrale. Elle est traversée par la Save en bordure de laquelle

vivent 700 000 habitants. L'aéroport porte le nom de Franjo Tujdman, premier président de la république. Initialement un terrain fut ouvert en 1909, puis après la guerre le trafic assez faible fut assuré au départ d'une ancienne base militaire. L'aéroport actuel date de 1962, il est à dix-sept km au sud-est de la ville, son usage est à la fois civil et militaire. Il reçoit les vols de trente-deux compagnies avec pour principal utilisateur la compagnie locale Croatia Airlines.

Trafic :

| Année | Passagers |
|---|---|
| 2010 | 2 071 000 |
| 2012 | 2 342 000 |
| 2014 | 2 430 000 |
| 2016 | 2 776 000 |
| 2018 | 3 366 000 |

En 2019 l'aéroport a été fréquenté par 3 435 000 passagers.

Principales destinations au départ de Zagreb en 2017 :

| Villes | Passagers |
|---|---|
| Francfort | 321000 |
| Dubrovnik | 268 000 |
| Split | 201 000 |
| Munich | 195 000 |
| Amsterdam | 167 000 |

Il dispose d'une piste de 3 250 m de longueur.

**Split**
C'est un grand port sur la mer Adriatique et un centre touristique renommé. La population de 180 000 habitants en fait la deuxième ville de Croatie. L'aéroport Resnik est situé à dix-neuf km de la ville. Un précédent terrain avait été utilisé avant la guerre 39-45 où un premier vol eut lieu en 1931, ensuite la compagnie Aeroput sera présente. Le nouvel aéroport situé à Resnik a été ouvert le 25 novembre 1966. Il a vu son activité suspendue

pendant une longue période avec la guerre des années 1990 et a repris ses activités en 1995. Avec le fort développement du tourisme, quarante-six compagnies principalement avec des vols charters se posent à Split.

Trafic :

| Année | Passagers |
|-------|-----------|
| 2010  | 1 219 000 |
| 2012  | 1 425 000 |
| 2014  | 1 757 000 |
| 2016  | 2 289 000 |
| 2018  | 3 124 000 |

En 2019 l'aéroport a été fréquenté par 3 200 000 passagers. Il dispose d'une piste de 2 550 m de longueur.

**Dubrovnik**
La ville porta le nom de Raguse jusqu'en 1918 et a une longue histoire. Dans la période récente elle a subi les violents combats des années 1991 et 1992, qui ont endommagé une partie de son superbe patrimoine. Ses remparts mondialement connus font un bel écrin pour une cité classée au patrimoine mondial de l'Humanité, et la fierté des 45 000 habitants. L'aéroport est situé à quinze km au sud-est de la ville, son ouverture date de 1960. Il a été dévasté par le conflit en 1991, sa reconstruction a pris une dizaine d'année pour le rendre totalement opérationnel. Il accueille les vols de plus de quarante compagnies, surtout des charters saisonniers, Dubrovnik étant un haut lieu du tourisme international. Elle fut le siège de Dubrovnik Airlines qui cessa ses activités en 2011.

Trafic :

| Année | Passagers |
|-------|-----------|
| 2010  | 1 270 000 |
| 2012  | 1 480 000 |
| 2014  | 1 584 000 |
| 2016  | 1 993 000 |
| 2018  | 2 539 000 |

En 2019 l'aéroport a été fréquenté par 2 896 000 passagers. Il dispose d'une piste de 3 300 m de longueur.

**Zadar**

Cette ville est située au nord de la Dalmatie. Elle a une longue histoire qui remonte aux romains. Zadar a subi des bombardements importants entre 1943 et 1944, mais a conservé une partie de son important patrimoine. La population est de 75 000 habitants. Parmi des enfants célèbres de la ville, le footballeur Luka Modric, ballon d'or 2018, une des vedettes du Real de Madrid. L'aéroport est situé à huit km de la ville. Le premier vol a eu lieu en 1936 par la compagnie Ala Littoria. Une vingtaine de transporteurs le desservent surtout de manière saisonnière.

Trafic :

| Année | Passagers |
|---|---|
| 2010 | 272 000 |
| 2012 | 371 000 |
| 2014 | 496 000 |
| 2016 | 487 000 |
| 2018 | 603 000 |

En 2019 l'aéroport a été fréquenté par 801 000 passagers. Il dispose de deux pistes de 2 000 et 2 500 m de longueur.

**Pula**

C'est un port situé à la pointe de l'Istrie, qui existait avant les romains. La ville fut autrichienne au XIXème siècle, puis italienne, ensuite yougoslave, enfin croate ! La population est de 60 000 habitants. Le tourisme est important dans la région qui était le lieu préféré de villégiature de la nomenklatura sous le régime de Tito. L'aéroport est localisé à six km de la ville. Avant la Seconde Guerre mondiale, la ville était partagée entre la Yougoslavie et l'Italie. Aeroput reliait Pula à Zagreb et Ala Littoria à l'Italie. Plus de vingt-cinq compagnies se posent à Pula, surtout pendant la saison d'été.

Trafic :

| Année | Passagers |
|---|---|
| 2010 | 332 000 |
| 2012 | 367 000 |
| 2014 | 382 000 |
| 2016 | 436 000 |
| 2018 | 717 000 |

En 2019 l'aéroport a été fréquenté par 777 000 passagers. Il dispose d'une piste de 2 950 m.

**Rijeka (connue aussi sous le nom de Fiume)**
C'est une ville située au nord de la Croatie qui est un port sur l'Adriatique. Elle fut italienne à partir de 1924 et devint yougoslave en 1947. La population est 150 000 habitants. C'est la ville natale de Janos Kadar qui fut le dirigeant de la Hongrie de 1956 à 1988. L'aéroport ouvert en 1970, est implanté à dix-sept km de la ville. Il reçoit les vols d'une quinzaine de transporteurs, surtout pendant la saison touristique.

Trafic :

| Année | Passagers |
|---|---|
| 2010 | 62 000 |
| 2012 | 77 000 |
| 2014 | 106 000 |
| 2016 | 145 000 |
| 2018 | 183 000 |

En 2019 l'aéroport a été fréquenté par 200 000 passagers. Il dispose d'une piste de 2 500 m.

# La Slovénie

Cet ancien membre de la Yougoslavie a obtenu son indépendance le 25 juin 1991. L'histoire du pays a été mouvementée. En particulier pendant la Seconde Guerre mondiale où le pays fut partagé entre l'Italie, l'Allemagne et la Hongrie. La Slovénie sera réintégrée à la Yougoslavie après la guerre. La superficie du pays est de 20 273 km² et la population de 2 070 000 habitants.

## Les compagnies aériennes

Après l'arrêt d'Adria Airways le pays n'a plus de transporteur aérien.

## Anciennes compagnies

### Adria Airways
Au départ il y a eu Adria Aviopromet dont la création à Ljubljana datait de 1951. L'ambition initiale était d'assurer des vols « charters » en utilisant des appareils Douglas DC6 B, notamment vers les USA et le Canada, où se trouvaient de nombreux émigrés yougoslaves. Au début de 1980, ce sera l'achat d'un MD 80 pour assurer des vols charters, puis des DC9, dont l'un s'écrasa à Ajaccio. En 1991, elle sera privatisée, deviendra Adria Airways. En 2016, avec une douzaine d'appareils Airbus et Canadair Jet, elle reliait une trentaine d'escales depuis Ljubljana. Suite à de grandes difficultés financières, elle a été mise en liquidation en septembre 2019.

## Les aéroports

### Ljubljana
La capitale de la Slovénie a une population de 280 000 habitants. C'est une ville charnière entre les cultures slave, latine et germanique. L'aéroport est situé à vingt-six km au nord de la ville. Il porte le nom de Joze Pucnik qui était un homme politique (1932-2003). Il a été ouvert en 1963 et a subi de

gros dégâts pendant la guerre en 1991. Il a été rouvert après la remise en état en 1992. Il reçoit les vols de dix-sept compagnies.

Trafic :

| Année | Passagers |
|---|---|
| 2010 | 1 388 000 |
| 2012 | 1 198 000 |
| 2014 | 1 338 000 |
| 2016 | 1 411 000 |
| 2018 | 1 818 0000 |

En 2019 l'aéroport a été fréquenté par 1 721 000 passagers. Il dispose d'une piste de 3 300 m.

**Maribor**

Ville connue pour la sylviculture, le vin et comme centre touristique, célèbre pour les compétitions de ski. La population est de 110 000 habitants. L'aéroport Edvard Rusjan, est situé à dix km au sud de la ville et date de 1976. Il n'accueille que quelques milliers de passagers par an (25 000 en 2014 et 2 500 en 2018). Il est doté d'une piste de 2 500 m de longueur.

# La Bosnie-Herzégovine

Le pays est situé en bordure de l'Adriatique, avec une superficie de 13 812 km² et une population de 610 000 habitants. C'est une ancienne colonie ottomane qui a eu son indépendance en 1910, puis a été intégrée à la Yougoslavie en 1918. La Bosnie-Herzégovine est redevenue indépendante le 3 juin 2006.

## Les compagnies aériennes

### Fly Bosnia
Son lancement a eu lieu en 2017 et les opérations ont commencé en janvier 2019 avec un Airbus 319. La situation financière ne semble pas très bonne et l'avenir est incertain, même si les dirigeants ont l'ambition de mettre en ligne une flotte de huit Airbus 319 en 2023 !

## Anciennes compagnies

### B&H Airlines
La formation de la compagnie datait de 1994, avec comme objectif d'avoir un transporteur aérien au départ de la capitale Sarajevo. La compagnie porta un temps le nom d'Air Bosna. Le capital était détenu par le gouvernement et Turkish Airlines. Avec deux ATR 72, seulement quatre escales étaient reliées à Sarajevo en 2015, quand la décision fut prise de suspendre les opérations en raison de grosses pertes financières.

## Les aéroports

### Sarajevo
La capitale de la Bosnie Herzégovine a plus de 400 000 habitants. Elle a été le lieu de l'assassinat de l'archiduc François Ferdinand d'Autriche, héritier le l'empire austro-hongrois, le 28 juin 1914, ce qui fut un des motifs de la Première Guerre mondiale. Sarajevo a subi un siège de plus de mille jours

entre 1992 et 1996, avec pour conséquence de nombreuses destructions. L'aéroport a été ouvert en 1935. Il a été gravement endommagé pendant la guerre à partir de 1992. Il a été rouvert en 1996. Il reçoit les appareils de quinze compagnies.

Trafic :

| Année | Passagers |
|---|---|
| 2010 | 563 000 |
| 2012 | 580 000 |
| 2014 | 709 000 |
| 2016 | 838 000 |
| 2018 | 1 046 000 |

En 2019 l'aéroport a été fréquenté par 1 143 000 passagers. Il dispose d'une piste de 2 700 m de longueur.

**Tuzla**
C'est une ville de 120 000 habitants, qui était entrée dans l'histoire pendant la Seconde Guerre mondiale en étant la première ville d'Europe libérée en 1943 par les partisans. L'aéroport a été une base militaire importante. Les opérations civiles ont commencé dans les années 1990 puis en 2008 l'aéroport est devenu uniquement à usage civil et une base pour Wizzair qui est le principal utilisateur.

Trafic :

| Année | Passagers |
|---|---|
| 2010 | 5 500 |
| 2012 | 4 200 |
| 2014 | 151 000 |
| 2016 | 311 000 |
| 2018 | 584 000 |

En 2019 l'aéroport a été fréquenté par 593 000 passagers. Il dispose d'une piste de 2 500 m de longueur.

## Mostar

Cette ville a été particulièrement marquée par la guerre de 1992 à 1995. Le symbole de la tragédie avait été la destruction du vieux pont ottoman qui a été reconstruit en 2004. Elle a une population de 75 000 habitants. L'aéroport est situé sept km au sud-est de la ville. Il a été mis en service en 1950 et complètement détruit pendant la guerre de 1990. Il a été rouvert en janvier 1996. Il est desservi par six compagnies surtout pour des vols charters.

Trafic :

| Année | Passagers |
|-------|-----------|
| 2010  | 17 000    |
| 2012  | 78 000    |
| 2014  | 68 000    |
| 2016  | 54 000    |
| 2018  | 70 000    |

Il dispose d'une piste de 2 400 m de longueur.

# Le Kosovo

Ce pays pose encore un problème de statut car il était une partie de la Serbie. Après les conflits des années 1990, le pays finalement se déclara indépendant contre l'avis de la Serbie. La population est de 1 920 000 habitants pour une superficie de 10 908 km².

## Les compagnies aériennes

### Kosova Airlines
Création en 2003. Elle exploita un Boeing jusqu'en 2007. Elle poursuit ses activités en proposant des vols charters vers des villes d'Europe, assurés par Sun Express et Swiss.

### Air Pristina
Création en 1981, elle a évolué et son siège social a été implanté à Zurich. Elle a repris Germania Switzerland en 2019 pour former Chair Airlines qui exploite trois Airbus 319. Elle est dirigée par Leyla Ibrahimi Salali.

## Les aéroports

C'est la capitale avec une population de 500 000 habitants. Aéroport porte le nom d'Adem Jashari (fondateur de l'Armée de Libération du Kosovo). L'aéroport accueille les vols d'une quinzaine de compagnies.

Trafic :

| Année | Passagers |
|---|---|
| 2010 | 1 305 000 |
| 2012 | 1 527 000 |
| 2014 | 1 404 000 |
| 2016 | 1 744 000 |
| 2018 | 2 165 000 |

En 2019 l'aéroport a été fréquenté par 2 373 000 passagers et dispose d'une piste de 2 500 m de longueur.

# Le Monténégro

Situé en bordure de l'Adriatique, cette ancienne colonie ottomane avait eu son indépendance en 1910, avant d'intégrer la Yougoslavie en 1918. Le pays a repris son indépendance le 3 juin 2006. La superficie du Monténégro est de 13 812 km² et la population de 610 000 habitants.

## Les compagnies aériennes

### Monténégro Airlines
La compagnie a commencé ses activités le 24 octobre 1994. Elle commença par relier Podgorica à Bari en Italie. En 1999, les vols furent suspendus en raison des bombardements. Elle reprit ses activités en 2000 en desservant Francfort, Zurich, Istanbul... Elle exploite trois avions Embraer 195 et deux Fokker 100 vers dix-huit destinations dans dix pays dont Vienne, Paris, Moscou... En 2006, en raison des problèmes politiques certaines dessertes sensibles comme Belgrade ont amené les dirigeants à la création d'une compagnie Master Airways doté d'un Fokker 100. Cette situation ne perdura que deux ans.

### Di Air
Cette petite compagnie opère depuis Podgorica avec une dizaine d'avions légers et hélicoptères, pour assurer des vols à la demande.

## Les aéroports

### Podgorica
C'est la principale ville et la capitale du Monténégro, avec une population de 200 000 habitants. L'aéroport initial avait été ouvert le 8 avril 1947 et a été transféré à son emplacement actuel en 1961. Il est situé à dix km au sud de la ville. Il a subi des bombardements en 1999. Il reçoit les vols d'une quinzaine de compagnies.

Trafic :

| Année | Passagers |
|---|---|
| 2010 | 651 000 |
| 2012 | 620 000 |
| 2014 | 699 000 |
| 2016 | 873 000 |
| 2018 | 1 208 000 |

En 2019 l'aéroport a été fréquenté par 1 267 000 passagers. Il est doté d'une piste de 2 500 m.

**Tivat**
Ville touristique qui est proche des gorges de Kotor, un haut lieu du tourisme du Monténégro. La population n'est que de 15 000 habitants. L'aéroport, qui est à cinq km de la ville, a été ouvert le 30 mai 1957, avec une piste en herbe de 1 200 m. Une piste en macadam fut rapidement construite pour attirer les opérateurs de vols vacances. L'aéroport a été victime d'un tremblement de terre en 1979 ce qui nécessita de coûteux travaux de reconstruction. Les travaux d'amélioration des installations se sont poursuivis depuis 2010. L'aéroport accueille les vols de plus de trente compagnies, surtout des charters saisonniers avec 80% des vols entre les mois de mai et septembre.

Trafic :

| Année | Passagers |
|---|---|
| 2010 | 541 000 |
| 2012 | 725 000 |
| 2014 | 910 000 |
| 2016 | 979 000 |
| 2018 | 1 245 000 |

En 2019 l'aéroport a été fréquenté par 1 367 000 passagers, la moitié avec Moscou. Le trafic de l'aéroport représente presque cent fois la population de la ville de Tivat ce qui est exceptionnel. L'aéroport dispose d'une piste de 2 500 m de longueur, réputée pour être délicate pour les atterrissages.

# La Macédoine du Nord

C'est une République de l'Europe du Sud qui a fait partie de la Yougoslavie à partir de 1918 et est redevenue indépendante en 1991. La superficie est de 25 713 km² et la population compte 2 200 000 habitants. Il ne faut pas la confondre avec la Macédoine qui est une région de la Grèce, ce qui fut la source d'un long contentieux entre les deux pays qui s'est terminé par la dénomination Macédoine du Nord.

## Les compagnies aériennes

Pas de transporteur en 2020.

## Anciennes compagnies

### Macedonian Airlines
Compagnie aérienne qui a existé entre 1994 et 2009. Elle n'exploitait que deux avions pour relier la Macédoine du Nord à une dizaine de villes en Europe.

### Palair
Elle a assuré des vols entre 1991 à 1996, avec une flotte comprenant quatre Tu-154 et trois Fokker 100. Son réseau de lignes, surtout sous forme de vols charters, reliait une dizaine de villes en Europe.

## Les aéroports

### Skopje
Son histoire remonte au premier siècle. Elle était devenue serbe en 1912 et devint yougoslave en 1918. Elle a subi plusieurs tremblements de terre très violents. Celui du 26 juillet 1963 a fait plus de mille morts et détruit la ville à 80%. L'aéroport Petrovets a été rebaptisé Alexandre le Grand. A partir de 1928 un terrain proche du centre-ville avait été utilisé jusqu'en 1987. Il

s'est développé de manière rapide depuis une dizaine d'année et il enregistre pas moins de seize compagnies qui se posent régulièrement, avec une forte pointe pendant les mois d'été. La gestion est assurée par le groupe turc TAV.

Trafic :

| Année | Passagers |
|---|---|
| 2010 | 716 000 |
| 2012 | 828 000 |
| 2014 | 1 208 000 |
| 2016 | 1 649 000 |
| 2018 | 2 158 000 |

En 2019 l'aéroport a été fréquenté par 2 358 000 passagers. Une piste de 2 450 m est en service.

**Ohird**

Cette ville est un centre touristique, en bordure du lac Ohrid qui fait 358 km², qui est une des perles de la Macédoine. La région est classée au patrimoine mondial. La population est de 60 000 habitants. L'aéroport porte le nom de Saint Paul l'Apôtre, est à neuf km du centre-ville. Il a reçu le titre de « meilleur petit aéroport du monde » ! Il reçoit surtout des vols charters effectués par une dizaine de transporteurs.

Trafic :

| Année | Passagers |
|---|---|
| 2010 | 73 000 |
| 2012 | 78 000 |
| 2014 | 70 000 |
| 2016 | 145 000 |
| 2018 | 184 000 |

En 2019 l'aéroport a été fréquenté par 317 000 passagers. Il est géré par le groupe turc TAV. Il est doté d'une piste de 2 550 m de longueur.

# Conclusion

## Quel avenir pour ce monde aérien ?

L'étude des différents éléments de l'aviation commerciale à travers l'Europe de l'Est se termine, même si avec les temps difficiles que traversent le monde en ce début d'année 2020, en particulier l'aéronautique, d'autres informations seront nécessaires pour actualiser une situation qui va changer considérablement. La somme des renseignements contenus montre que l'aviation commerciale dans l'Europe de l'Est a un rôle très important aussi bien dans la construction aéronautique que dans l'exploitation des très nombreuses compagnies aériennes et plus généralement dans l'économie des nombreux pays. Les infrastructures aéroportuaires sont importantes et donnent les moyens aux pays d'accueillir un grand nombre de transporteurs dans les années à venir. C'est un apport non négligeable à la construction du monde aérien de notre époque, dans une Europe de l'Est qui a fait beaucoup d'efforts pour offrir des moyens améliorés aux touristes et aux transporteurs aériens.

Le monde a été complètement bouleversé, en particulier l'économie, par la crise du coronavirus qui a fait chanceler presque toutes les économies. Des millions d'entreprises, d'artisans, de petits commerçants se sont retrouvés dans une grande incertitude face à l'avenir et trop souvent avec l'arrêt comme unique solution. Même les grands noms de l'industrie aéronautique sont dans une douloureuse expectative. Comment progressivement le monde va-t-il redresser les activités, recréer la croissance, redonner à la population le bonheur de vivre, de travailler, de créer, de se distraire, de voyager ?

Dans le domaine de l'aérien celui-ci a été victime d'un tsunami qui a mis à l'arrêt la plupart des compagnies aériennes. Les trésoreries sont passées dans le rouge vif et la sollicitation des Etats a été le principal souci des dirigeants. De nombreuses compagnies ne se remettront pas de ce séisme. Le risque est de voir un certain nombre de transporteurs disparaitre et ceux qui resteront seront sous la forte perfusion d'argent public, qui a ses limites et imposera de nouvelles règles qui feront probablement revenir le transport aérien aux années 1960, avec des réglementations nationales plus sourcilleuses ! Alors que le transport aérien en Europe bénéficiait d'une certaine autonomie en ce qui concerne l'exploitation de lignes, l'utilisation des avions, des fréquences, des capacités de sièges proposées, allons-nous revenir aux accords bi nationaux fixant les fréquences, le nombre de sièges décrété par les services de l'Etats, le type d'avions fixé par des arcanes administratives, toutes ces mesures dont les finalités sont toujours complexes et à la logique administrative.

Une conséquence de la situation va se poser pour les flottes d'appareils. Airbus et Boeing avaient des carnets de commandes pléthoriques, il y a quelques mois encore, représentant plusieurs années de travail. La baisse considérable du trafic va-telle durer pendant une longue période ? Si oui le besoin en nouveaux avions va s'effondrer, ce qui aura des conséquences très graves pour les fabricants, leurs fournisseurs et tous les sous-traitants. En Russie les espoirs dans les nouveaux avions, comme le Sukhoi 100, qui ne trouveront probablement pas de clients dans un monde qui va se restreindre.

Une autre conséquence sera pour les infrastructures. Un certain nombre d'aéroports en Europe, n'ont qu'une petite activité, qui pour survivre dépend de la générosité des autorités. Celles-ci auront-elles les moyens de venir soutenir une activité pas toujours essentielle, alors que tous les moyens financiers doivent être consacrés à la survie des fondamentaux de l'économie ? On peut craindre la disparition de nombreuses escales, qui ne sont desservies souvent que quelques mois dans l'année. La Cour des Comptes en France a chiffré à un million de passagers par an le niveau de trafic nécessaire pour qu'un aéroport équilibre ses comptes, en dessous il faut des subventions. On peut considérer que ce chiffre peut s'appliquer à de nombreux aéroports en Europe.

Une des possibilités de rebond pour les villes et sites touristiques de l'Europe de l'Est pourrait venir du développement du tourisme de proximité, au détriment des voyages lointains. Ceux-ci ont montré les risques en cas de problèmes, en particulier médicaux avec des épidémies difficiles à contrôler, des conflits qui bloquent des touristes apeurés dans des zones parcourues par des troupes plus ou moins pacifiques, mais aussi les chutes brutales de transporteurs qui mettent la clé sous la porte du jour au lendemain, laissant des milliers de voyageurs et des équipages en souffrance dans des aérogares à travers le monde.

La richesse du patrimoine de l'Europe de l'Est est considérable et donne une formidable opportunité de développement du tourisme, en particulier culturel. De nombreuses villes ont une grande richesse en monuments, églises, palais, châteaux, qui sont l'héritage des influences apportées par les différents conquérants. C'est un argument majeur pour faire venir des visiteurs, qui pourront trouver de quoi satisfaire leur appétit de culture, dans des paysages attrayants et faire de belles photos !

Les prochaines années vont être difficiles et importantes pour l'Europe de l'Est, comme d'ailleurs pour le reste d'une grande partie de l'humanité. Comment rebondir après le cataclysme? Le monde a déjà vécu des périodes très difficiles, avec des guerres, dont deux mondiales, des épidémies, des pandémies, des crises économiques violentes, des séismes destructeurs...
La volonté des hommes et des femmes a fait que la vie a toujours repris le dessus sur les traumatismes en tous genres. Une fois de plus il faut souhaiter que vive la vie !

J J Dufour

# Bibliographie

**Collections de l'auteur**

**Ouvrages consultés**
L'Aviation de David Mondey

**Revues consultées**
Air Safety
The Aeroplane
Commercial and Aviation news
Airways
Flight
Air et Cosmos
Aviation Magazine
Les Ailes

**Sites internet consultés**
Wikipedia

# Crédit photos

Les illustrations de cet ouvrage sont tirées des sites *wikimedia commons* et *flickr*. Elles sont libres de droits car tombées dans le domaine public ou sous licence CC-BY-SA. Voici la liste des illustrations avec le détail des licences.

Aeroflot Ilyushin Il-76TD   wikipedia commons
Aeroflot Ilyushin_Il-96-300   Mishin
Aeroflot IlyushinIl-62   wikipedia commons
Aeroflot Sukhoi Superjet100-95B   wikipedia commons
Aeroflot Sukhoi 100   flickr
Aeroflot Tu-134A   fr m wikipedia
AeroflotTupolev Tu-104B   wikipedia
Aeroflot Tupolev Tu-154   wikipedia
Aeroflot Tupolev Tu-154M   wikipedia commons
aeroport de vladivostock   wikipedia
Aeroprt de Varsovie Chopin   wikipedia commons
Kamchatka aeroport
koltsovo-russia-yekaterinburg   pexels
Novosibirsk -Tolmachevo   wikipedia commons
Pulkovo_airport saint peterburg   wikipedia commons
Sheremetyevo_ Moscou   wikipedia
AirBridgeCargoAirlines Boeing_747-8   wikipedia commons
Alrosa Mirny Air Enterprise Tupolev Tu-134 Osokin   wikipedia
Angara Airlines Antonov An-148-100E   wikipedia
AN 2   pxfuel
AN 2
An-2 OK   wikipedia
AN 12   flickr
AN 22   wikipedia commons
Antonov Airlines An24 R
Antonov An-24R Angara_Airlines   wikipedia commons
AN 74   wikipedia
Antonov An-74 3   wikipedia commons
Antonov-An-74   wikipedia
AntonovAn-74T   wikipedia commons
Antonov 124 Volga   wikipedia
Antonov AN-124   wikipedia
Antonov-A 124-100   wikipedia
AntonovAn-140 1   fr m wikipedia
AN 148   flickr

Antonov 148  flickr
Antonov_An-148-100B Rossiya Airlines    wikipedia commons
An 225  wikipedia
Antonov An-225  wikipedia
Belavia Boeing_737-8ZM   wikipedia commons
Beriev Be-200  wikipedia commons
Bassin-de-la-Volga-fr   wikipêdia
Carte_de_ Russie
Mer Noire  (carte) wikipedia
Pays baltes
Transcaucasie wordpress com
Yougoslavie  carte   ville de Besançon
Ilyushin Il-12  CSA  wikipedia commons
IL 14  aleksander markin   Flickr
IL 14  alexander markin Flickr
IL 14  wikipedia commons
IL 14  Private Mikhail_Farikh    wikipedia commons
Ilyushin Il-14   MALEV   wikipedia commons
Il-18 LOT Polish   wikipedia commons
Ilyushin_Il-18 _Malev   wikipedia commons
IL 62 M   air koryo
Il-62 CSA       wikipedia commons
Ilyushin Il-62   wikipedia commons
Ilyushin Il-86 Pulkovo Airlines   wikipedia commons
IL 86  aeroflot
IL 96    nl m wikipedia
IL 96
Il-114-100   wikipedia
Irkut MC-21-300    wikipedia commons
MC-21-300    wikipedia commons
Kalinin K 4   wikipedia commons
Kalinin_K-5_  wikipedia
Khabarovsk Airlines Yakovlev Yak-40  wikipedia commons
Reseau khabarovsk airlines
Kosmos_Airlines Antonov_An-12BP    wikipedia commons
Let 410 de  Khabarovsk airlines   russian aviation insider
Lisunov_Li-2  wikipedia commons
Lisunov_Li-2T  Malev  wikipedia commons
Polar_Airlines   Antonov An-26B-100     wikipedia commons
Red WingsAirlines Tupolev Tu-204-100    wikipedia
Rossiya_Antonov_An-148-100B    sah m wikipedia
Rusline  Canadair CRJ-100ER    wikipedia commons
S7 Airlines Tupolev Tu-154M   wikipedia commons
Réseau Severstal airlines

270

shtcherbarov 2
Sukhoi 100 Azimuth   flickr
Tatarstan Airlines Ilyushin Il-86   wikipedia
Tatarstan_Airlines TupolevTu-134   wikipedia commons
Tatarstan Airlines Yak-42   wikipedia
Transaero_Airlines Boeing747-400   wikipedia commons
TU 114 aeroflot
TU 134 kosmos airlines    flickr
TU 134(A-3) Kosmos Airlines   wikipedia
Tupolev Tu-134A-3 UTair_Aviation   wikipedia commons
Tupolev_Tu-134   Interflug    wikipedia
TupolevTu-134A TatarstanAirlines  wikipedia commons
Russian Tu-144 LL    wikipedia commons
TU 144   wikipedia
TU 154 Tatarstan Airlines
Tu154 Ural Airlines  wikipedia
Tupolev Tu-154M  S7Airlines     wikipedia commons
Tupolev Tu-154M Rossiya Airlines    wikipedia commons
Tupolev_Tu-154M,_Aeroflot       wikipedia
Tu-204-300 Air Koryo     wikipedia commons
Tupolev Tu-204-100C      wikipedia commons
Tupolev_Tu-204-300 Rossiya       wikipedia commons
ATR 42  Utair      wikipedia
UTair-map     airlinerpros
YAK 42
Yak-42D Tatarstan_Airlines   wikipedia commons
Yakolev Yak.42    wikipedia commons
Yakovlev Yak-42 Tatarstan Airlines   wikipedia commons
Yakovlev_Yak-42   wikipedia commons

Couverture :
Tupolev Tu-134 Aeroflot licence - GFDL 1.2 - Leonid Faerberg

Quatrième de couverture :
Lisunov Li-2T Malev, Antonov 225, Tu-154 Aeroflot
Antonov 148 Rossiya, Sukhoi 100 Superjet Aeroflot, Tu-154M S7

Cet ouvrage a été imprimé par Amazon

Dépôt légal : Décembre 2020

Printed in France by Amazon
Brétigny-sur-Orge, FR